듀얼 해피니스

일과 삶이 모두 행복해지는 비결

DUAL HAPPINESS
듀얼 해피니스

| 조철웅 지음 |

자유문고

작년이었다. 가끔 만나 이런저런 인생 이야기를 나누며 도움을 받곤 하는 한 작가와 대화를 나누다가 생각이 새롭게 전환되는 계기가 찾아왔다.

   하루는 모 정수기 회사에 다니는 후배가 작가를 찾아와 직장생활의 어려움을 구구절절 토로했다고 한다. 후배네 회사가 급작스레 제품 판매량이 곤두박질치면서 비상이 걸리는 바람에 이제부터 영업사원이 아닌 사무직 근무자들에게까지 판매 할당량이 떨어졌단다. 그렇지 않아도 잦은 야근에다 적은 월급 때문에 회사에 불만이 쌓였던 후배는 더 이상 버틸 수 없다는 생각이 들었다. 회사를 옮기든지, 아니면 아예 이참에 회사를 그만두고 사업을 하든지 여러 모로 고민인 모양이었다. 그 말을 들은 작가 왈,

"이 친구야, 그게 뭐 어때서. 차라리 잘됐지. 자네는 이제 회사의 허락 하에 투잡을 뛰게 되었으니. 이젠 눈치 볼 필요도 없고 좋잖아. 낮엔 사무직, 밤엔 취미삼아 세일즈맨. 어차피 회사를 그만둬도 세일즈를 해야 할 텐데, 월급 받으면서 취미삼아 세일즈에 대한 공부도 하고 실적에 따라 성과급도 받고, 그

거야말로 일석삼조 아닌가. 생각만 바꾸면 위기가 기회로 바뀌게 된다고."

바로 이거다 싶었다. 듀얼 해피니스라, 그러니까 낮에는 회사에서 열심히 일하고 밤에는 나 자신을 위해 투자하는 생활 말이다. 직장을 언제까지 다녀야 하나 고민하던 내게도 그 말은 직장생활에 대한 새로운 지평을 여는 계기가 되었다.

이런 생각의 변화는 그 자리에 함께 있던 여자 분에게도 찾아왔다. 지방 행정 공무원인 그녀는 일찍 결혼해서 아이 둘을 낳고 일과 육아를 병행하며 눈코 뜰 새 없이 바쁘게 지내다가 불현듯 동화작가를 꿈꾸기 시작했다. 그리고 이제라도 늦지 않았다는 생각으로, 안정적 일터인 공무원을 그만두고 글쓰기에 매진하려고 했단다. 하지만 그 작가의 말을 듣고는 이내 마음을 바꿔 일을 계속하면서 퇴근 후에 틈틈이 글을 써보겠다고 했다. 얼마 전, 그녀는 전국 공무원 글쓰기 대회에서 당당히 입상하였다.
나는 일의 결과는 둘째 치고 그녀의 삶에 일어난 획기적인 변화에 주목한다. 예전에는 일과 육아에서 느끼는 스트레스를 풀 데가 없어 속으로만 끙끙 앓던 그녀에게 동화작가라는 꿈은 스트레스를 날려버리는 분출구가 되었다. 그리고 그 기쁨이 반사되어 일과 삶이 더욱더 충만하게 변화되었다.

나는 그동안 일과 삶이 모두 행복해지는 비결을 찾고자 노력했다. 그런데 문제는 직장인들이 어디 한군데 자신의 고민을 털어놓을 만한 데가 없다는 거다. 직장생활을 계속해야 할지 어떨지에 대한 고민을 여간해서는 직장 상사나 동료에게 말하기 어렵다. 그렇다고 가족에게 말할 수는 더더욱 없다. 말해봤자 온 식구가 지레 겁을 먹을 게 뻔하니까. 친구들도 매한가지다. 그들의 처지도 별반 다르지 않다. 해결책을 내놓는다고 해봤자 직장을 그만둬봐야 뾰족한 수 없으니 그냥 회사에 붙어 있으라거나, 아니면 과감하게 그만두고 좋아하는 일을 하라는 얘기밖에 나오지 않을 것이다.

이런 현실을 잘 알기에 나와 비슷한 고민을 안고 있는 직장인들에게 조금이나마 도움이 되고자 이 책을 쓰게 되었다. 나는 당신이 꿈을 위해 직장을 그만두지 않았으면 좋겠다. 다른 데서 꿈을 찾을 것이 아니라 지금 있는 자리에서 꿈을 향해 한 걸음 한 걸음 나아가는 것은 어떨까 싶다. 물론 꿈을 향해 전진하려면 무엇보다 퇴근 시간이 걸림돌이 될 것이다. 이 문제를 해결하고자 오랜 직장생활을 통해 터득한 노하우를 가지고 '일을 빨리 끝내는 기술'에 관한 다양한 방법을 본문에 풀어냈다. 다는 아니더라도 꽤 쓸모 있는 부분이 있을 것이다. 당신에게 필요한 부분을 포착해 직장생활에 적용해보기 바란다.

누구나 지금 있는 그 자리가 바로 꿈의 무대가 될 수 있다. 사실 꿈은 막연한 그 무엇이 아니다.

퇴직 은행원 출신으로 아이폰용 게임앱 '히나단'을 만든 81세 일본인 와카미야 마사코 할머니의 사연을 보면 그렇다. 60세에 은행을 그만 둔 마사코 할머니는 편찮으신 어머니를 돌보느라 집 밖으로 나갈 수 없는 처지였다. 어떻게든 남들과 소통하고 싶었던 할머니는 집안에서 그 방법을 찾기 시작했다. 그것이 바로 컴퓨터였다. 하지만 60세 나이에 컴퓨터를 배우는 건 여간 어려운 일이 아니었다. 독학으로 컴퓨터를 배우는데 일 년이란 시간이 흘렀을 정도였으니. 그런데 더한 문제는 할머니가 관심을 둔 게임앱이 죄다 젊은 층만을 겨냥한 터라 노인들이 할 수 있는 게임이 전무하다는 거였다. 결국, 할머니는 목마른 사람이 우물 판다고, 이런 불편함을 해소하고자 직접 노인들을 위한 게임을 개발하기에 이르렀고, 덕분에 세계적인 명성까지 얻게 됐다. 오늘에 이르기까지 많은 시간과 노력을 쏟아 부었지만, 그녀는 이것이 끝이 아니라 시작이라고 말한다.

"당신이 전문가가 아니어도 괜찮습니다. 창의력과 흥미만 있다면 당신도 할 수 있어요. 지금부터 시작하세요."

마사코 할머니의 이야기를 접하며 이런 생각을 좀 해봤다. 만약 할머니가 자유로이 외출이 가능한 상황이었다면 그렇게 엄청

난 일을 해낼 수 있었을까? 어쩌면 불편함이, 선택할 수 있는 여지가 없는 것이 오히려 창의력을 한데 끌어모을 수 있는 기회가 아니었을까? 무엇보다 마사코 할머니는 상황을 비관해 주저앉거나 무기력에 빠지지 않았다. 오히려 그 자리에서 자신이 좋아하는 일을 찾으려 무던히 애썼다. 그리고 그것이 꿈이 되었다. 그렇다. 내가 다니는 직장 그곳이 바로 꿈의 무대인 것이다.

들어가는 글 • 5

1장 직장인이여, 무엇으로 일하는가 • 15

1. 직장인이여, 무엇으로 일하는가 • 15

2. 일하면서 즐기면서, 듀얼 해피니스 • 23

3. 자유로운 영혼으로 살아가기 • 31

4. 내가 햇병아리라고? • 38

5. 꿈은 떨어뜨리지 마라 • 45

6. 우리를 옭아매는 '생각 묶임' • 50

2장 듀얼 해피니스의 시작 • 57

1. 일할 때와 쉴 때는 좀 구분합시다 • 57

2. 칼퇴근도 능력이다 • 65

3. 일중독이 당신을 무능하게 만든다 • 72

4. 성공보다 행복을 꿈꾸는 삶 • 79

5. 하지 말아야 할 일의 리스트라고? • 86

6. 이왕이면 남들에게 보여주는 취미를 선택하라 • 94

3장 듀얼 해피니스의 걸림돌 • 101

1. 수평적 조직 문화는 안정감이다 • 101

2. 수평적 조직문화의 걸림돌, 대면문화 • 109

3. 회의 문화는 조직문화의 바로미터다 • 115

4. 후배들의 성장을 가로막는 상사의 열심 • 122

5. 앗, 경쟁의 관점을 바꾸니 방향이 달라지네 • 129

6. 보고서 초안은 쓰레기다 • 136

4장 공연하듯이 일하라 • 141

1. 즐기는 직장인이 롱런한다 • 141

2. 나설 땐 과감하게 • 147

3. 결과를 미리 아는 아웃풋 지향 • 154

4. 거꾸로 생각하는 업무 기획 • 162

5. 미리 쓰는 보고서 • 169

6. 콘셉트가 좋으면 콘셉트가 알아서 일한다 • 177

5장 일을 빨리 끝내는 기술 • 183

1. 일을 빨리 끝내는 기술 • 183

2. '네 줄 쓰기'는 나만의 필살기 • 190

3. 상사를 내 편으로 만드는 날카로운 메시지 • 198

4. 상사의 마음을 사로잡는 보고서, 룩앤필 • 203

5. 가설 사고로 새로운 시각을 찾자 • 210

6. 이슈 거리를 찾아내는 방법 • 216

6장 듀얼 해피니스의 완성 • 221

1. 데드라인은 생산성을 극대화한다 • 221

2. 선택과 집중은 곧 '포기'다 • 227

3. 인맥보다는 꿈맥 • 236

4. 하찮은 일에도 의미 부여하기 • 241

5. 비전과 역할을 명확히 하라 • 245

6. 롱런하는 사람은 자기만의 페이스가 있다 • 251

1. 직장인이여, 무엇으로 일하는가

흔히들 말한다. '인생 뭐 별거 있어? 먹고살자고 하는 일이잖아. 사는 게 다 그렇지 뭐.'

사람들 말처럼 인생이란 그토록 별 볼 일 없는 것이고, 먹고살기 위해, 그러니까 단지 '생존' 때문에 일하는 것일까, 우리는?

물론 과거 보릿고개를 겪었던 시절의 사람들에겐 실제로 먹고사는 일만큼 시급하고도 중요한 문제는 없었을 것이다. 하루하루 입에 풀칠하기도 어려운 게 현실이었으니까. 하지만 지금은 시대가 달라졌다. 생존의 문제가 어느 정도 해결되었다고도 볼 수 있다. 물론 아직도 사회 한편에선 최저 임금으로 가족을 부양하려 전력투구하는 사람들이 많고, 일거리를 찾지 못해 발을 동동 구르는 청년들도 허다하다. 이들에게 일과 삶의 균형이니 듀얼 해피니스니 하는 말을 설파한다면 무슨 자다 봉창 두드리는 소리냐며 격분할지도 모르겠다. 그러나 어찌 됐든 사회의 또 다른 한편에선 적잖은 사람들이 개인의 행복을 추구하기 시작했고, 성취감이 높은 직업을 따지고 있으며, 앞으로 이런 경향은 더욱더 심화되어 갈 것이다.

도스토옙스키는 말했다. "가장 끔찍한 벌은 평생 아무 쓸모도 의미도 없는 일을 하도록 만드는 것"이라고. 아마 이 말에 격하게 공감하며 고개를 끄떡이는 사람이 많을 것도 같다. 나는 도스토옙스키의 말을 고스란히 역으로 한 번 바꿔보았다. 과연 어떤 말이 될까? "평생 쓸모 있고 의미 있는 일을 하면 최고의 행복이 따른다." 뭐 이런 문장이 되지 않을까?

글쎄다. 과연 인간이 한세상 살면서 일을 통해 삶의 진정한 의미를 찾을 수 있을런지. 우리네 사회 현실로 봐선 고개가 절로 갸웃거려지기만 하니 말이다. 그러나 한 가지 분명한 건 이러니저러니 해도 일이 평생 우리를 따라다닌다는 사실이다.

그나저나 우리에게 있어 일이란 대체 어떤 의미일까? 그리고 어떤 직업을 선택하면 의미 있는 삶에 이르게 되는 걸까?

이 물음에 대해 로먼 크르즈나릭은 그의 책 『인생 학교』에서 직업을 의미 있게 만들어주는 것으로 다섯 가지 측면을 제시한다.

첫째, '돈'을 버는 것

둘째, 사회적 '지위'를 획득하는 것

셋째, 더 나은 세상을 만드는 데 '기여'하는 것

넷째, '열정'을 따르는 것

다섯째, '재능'을 활용하는 것

그는 이 다섯 가지 요소가 일에서 추구할 수 있는 의미인 동시에 동기부여의 원천이라고 주장한다. 일리가 있다. 저마다 일을 통해 추구하는 바는 다를지라도, 뭉뚱그려 보면 그 추구하는 바가 어느 정도 그가 제시한 다섯 가지 범주 안에 들어갈 듯도 하다.

다만 몇 가지 의문이 인다. 과연 저 다섯 가지를 모두 만족하게 하는 직업이 존재하기는 하는 걸까? 혹 운 좋게 그런 직업을 발견했다고 하자. 그렇다고 해서 지금 다니는 직장을 때려치우고 일의 의미와 동기부여를 찾아 훨훨 날아가야 한단 말인가?

당신의 생각은 어떠한가? 일의 의미나 동기부여는 차치하고, 저 다섯 가지 요소 중 두세 가지 정도만 채워진다 해도 만족스러울 것 같지 않은가? 실제로 두세 가지 요소만 채워진다면 많은 직장인이 그냥 지금의 자리에 철퍼덕 눌러앉지 않을까? 아니, 두세 가지까지도 필요 없으니 단 하나라도 만족했으면 좋겠다고 넋두리를 늘어놓을지도 모르겠다. 대한민국 직장인의 일에 대한 만족도는 어마어마하게 낮으니 말이다. 물론 처음 직업을 선택할 때 운 좋게도 다섯 가지 측면을 어느 정도 아우르는 분야를 선택해 천직으로 여기며 일에서 의미와 보람, 행복을 느끼며 살아가는 사람들도 더러 있기는 하다. 또 어떤 이들은 직장을 그만두고 자신에게 맞는 새로운 직업을 찾아 그럭저럭 만족하기도 한다. 하지만 대부분은 이러지도 저러지도 못한 채 그만 현실에 안주해 버리고 마는 것도 사실이다. 시중에 나와 있는 수두룩한 자기계발서가 이런 안타까운 현실을 입증하는 건 아닐까? '듀얼 해피니스'라는 제목의 책을 쓰고 있는 나를 봐도 그렇다.

좌우지간 고민스럽다. 중년이란 나이에 '아직 젊다'고 자신하며 용감하게 직장을 그만둘 수 있다면 얼마나 좋을까. 하지만 나는 그리 배포가 큰 위인이 아니다. 더구나 지금의 경제적, 사회적 지위를 잃고 싶지도 않다. 나이가 차면 은퇴나 명예퇴직은 정해진 순서겠지만, 그땐 그때고 아직은 직장을 그만둘 마음의 준비가 안 되어 있다.

이런저런 생각을 거듭하던 중 멘토로 여기는 작가님을 통해 드디어 반짝 아이디어를 얻었다. '꿈을 찾아 떠나지 못할 바에야 지금의 직장에서 저 다섯 가지를 충족하며 행복하게 살아가는 방법을 터득하자.' 그리하여 내린 결론은 이랬다.

첫째, '돈'과 사회적 '지위'
이는 당장은 만족스럽지 못하지만 앞으로 올라갈 수도 있고 내려갈 수도 있는 가변적 영역이므로 일단은 기대치를 낮추고 때를 기다리자.

둘째, '열정'과 '재능'을 활용

이는 내 노력으로 바꿀 수 있는 영역이니, 직장에서 일을 효율적으로 빨리 끝내고 되도록 일찍 퇴근해 열정과 재능에 시간을 투자하자.

셋째, '기여'

나의 열정과 재능에 투자한 결과 얻게 되는 아웃풋으로 다른 사람에게 도움을 주어 더 나은 세상을 만드는 데 기여하자.

직장인이여, 언제까지 좋아하는 일을 미루고 살 것인가

아내는 결혼 후 직장을 그만두고 전업주부로 이십 년을 지내오다 보니 늘 가족이라는 이름이 자신인 줄 알았단다. 남편이 잘되면 자기가 잘되는 것이고, 자식이 잘되면 그것도 자기가 잘되는 것이라고 여겼다는 얘기다. 자기 정체성을 시나브로 잃어가면서….

그러던 어느 날 책 읽기를 몹시 좋아하던 아내는 취미 삼아 번역 공부를 시작했다. 학원에 다니기도 하고 이것저것 자료를 찾아가며 열심히 공부했다. 그리고 지금은 번역가로 활동하고 있다. 이런 열매보다도 더 중요한 건 아내가 성과를 이뤄내는 과정에서 자신의 정체성을 회복했다는 점이다. 아내는 이렇게 고백했다.

"난 이제 가족이라는 이름의 덩어리에서 떨어져 나와 하나의

'독립체'가 된 기분이야."

바로 자존감을 회복한 거였다. 그뿐이 아니다. 아내에겐 난생처음 꿈이란 것도 생겼단다. 학업을 중도에 포기한 미혼모와 그 자녀들에게 무료로 영어를 가르쳐주는 것이라고 한다.

아내의 이야기는 시사하는 바가 크지 않나 싶다. 그도 그럴 것이, 이는 비단 주부들만의 비애가 아니기 때문이다. 직장인도 마찬가지다. 직장생활을 처음 시작할 땐 대개들 포부가 대단하다. 하지만 직장생활을 하면 할수록 차츰차츰 정체성을 잃어버리고 기계부품처럼 변해간다. 회사란 조직이 애초에 그럴 수밖에 없는 구조이니 당연한 결과라고 할 수도 있다. 다들 주어진 틀 안에서 시키는 일만 하다 보면 개성과 주체성을 상실하기 십상이니까. 거기다 회사가 자신의 전부가 되어버리기까지 하면 그때부터는 회사 뒤에 가려져 너나없이 비슷비슷한 사람이 되고 만다. 결론적으로, 조직 안에서 존재감을 찾지 못하는 탓에 시간이 흐를수록 자존감도 낮아질 수밖에 없다.

사실 그렇다. 자존감이란 자신이 잘할 수 있는 일을 찾아 누군가로부터 인정을 받을 때 높아질 수 있다. 바로 이 대목에서 한 가지 의문이 생긴다. 기계부품처럼 거기서 거기인 사람들 틈에서 나만의 장점을 살리고 자존감을 회복하는 방법이 과연 있을까?

내 대답은 이러하다. 안 되는 환경에서 되게 하려고 애쓸 것이 아니라 관점을 달리해 밖에서 찾으라는 것이다. 그것이 소소한 취미생활에서도 시작될 수도 있고, 그동안 해보고 싶었으나 여러 사정으로 못한 일일 수도 있다.

어떤 이들은 이런 얘기를 하면 "너무 좋은 말이긴 한데 지금은 바빠서 안 되니, 나처럼 지쳐서 번아웃을 경험하거나 은퇴 시기가 되면 그때 가서 한번 생각해 보겠다"며 손사래를 친다. 또 어떤 이들은 "상사를 포함해 열악한 작업환경 때문에 도저히 불가능해서 엄두조차 내지 못하겠다"고 말한다. 이해가 가지 않는 건 아니다. 나도 그랬으니까. 그렇더라도 이 말은 꼭 해주고 싶다.

"우리 인생에서 회사가 전부는 아닙니다. 그리고 모든 것은 다 때가 있다고 하더군요. 혹 지금이 그때가 아닐까요?"

혹시나 해서 하는 말인데, 당신이 은퇴하기 전까지 지금 속한 회사에서 끝까지 버텨야 한다고 생각한다면 그건 오히려 자신의 존재감을 잃어버리는 지름길이 되고 만다. 동의할 수 없다면 주위를 한 번 둘러보라. '이놈의 회사 때려치워야겠다'고 입버릇처럼 말하지만 그런 사람일수록 회사에 목을 매는 경향이 있다. 왜냐고? 때려치울 만한 용기도, 다른 회사로 이직할 실력도 부족하기 때문이다. 그 탓에 성과로 존재감을 보여주려 하지 않고 대면 문화를 통해 존재감을 내비치려 애쓰는 것이다.

자, 이건 어떤가? 1, 2년 뒤에는 지금보다 더 나은 조건의 회사로 옮겨갈 수도 있다는 생각을 항상 마음에 품고 다니는 거다. 물론 그에 맞는 실력을 쌓으면서 말이다. 그러면 남의 눈치 따위를 보지 않게 되고 늘 자신감이 넘치게 된다.

모든 건 생각하기 나름이다. 빡세게 일 시키기로 소문난 삼성에서 듀얼 해피니스를 실천하고 있는 나도 있다. 항간에 떠도는 소문으론, 삼성에서는 두세 사람 월급을 한 사람한테 주고 일을 그만큼 시킨다고들 한다. 흠~, 그건 그야말로 헛소문이다. 뭇 사람들이 알고 있는 것만큼 삼성이 직원들에게 일을 그리 빡세게 시키는 회사는 아니다. 그보다는 일을 열심히 하고자 하는 개인의 의지가 더 크다고 보는 게 맞을 듯하다. 어쨌거나, 내 얘기가 당신이 일의 의미를 되새겨보는 계기가 되고, 자존감을 회복하며, 회사에서 하나의 독립체로 우뚝 서는 데 발판이 되었으면 좋겠다.

2. 일하면서 즐기면서, 듀얼 해피니스

나는 듀얼 해피니스*dual happiness*라는 말을 즐겨 쓴다. 스마트 워크*smartwork*의 신개념으로서, 일과 삶의 균형을 유지하며 행복하게 살아간다는 의미에서 내가 만든 말이다. 듀얼 해피니스란 단순히 일을 스마트하게 잘하면 삶이 행복해진다는, 뭐 그런 의미는 아니다. 그보다는 좀 더 적극적인 개념이라 할 수 있다. 왜냐하면, 듀얼 해피니스에는 '일찍 퇴근하자'는 물리적인 개념에서 벗어나 직장에서 인정받고 가정에서 존중받자는 취지가 들어 있기 때문이다. 그러니까 스마트워크라는 단어는 회사가 주도하는 탓에 다소 제도적인 느낌을 준다면, 듀얼 해피니스는 개인의 의지가 중요하므로 자발적 개념이라 하겠다.

그리고 나는 듀얼 해피니스를 몸소 실천하려 노력한다. 책을 복화술로 소개하는 북*Book*화술사로 활동하면서 직장생활은 훨씬 더 즐거워졌고, 아내도 그런 취미생활을 존중해주고 있다. 처음에 아내는 복화술과 저글링을 배운다고 하니 하고많은 취미 중에 하필이면 그거냐며 못마땅해 하는 눈치였다. 이유인즉슨, 중년이라는 나이에 걸맞지 않은 취미인 데다 내가 몸치라는 거다. 그러던 아내가 지금은 열심히 사는 모습이 보기 좋다면서 격려까지 하기에 이르렀으니. 하긴 어쩌면 그게 다가 아닐지도 모른다. 취미에만 빠져 직장 일은 안중에도 없는 불상사가 생기지 않아서 안심하는지도. 이유야 어쨌든, 예전보다 회사생활을 더 신나게 하고 있어 아내가 자못 놀란 건 분명하다.

하지만 아내의 격려에도 불구하고 마음이 늘 편치만은 않다. 무엇보다 주변 사람들의 시선이 신경 쓰인다. 그도 그럴 것이, 뭇 사람들이 화려한 모습으로 포장된 내 SNS 사진들을 보면 "이 사람 일은 안 하고 놀기만 하나?" 하고 오해하기 십상이기 때문이다. 그뿐이 아니다. 동료들이 안다면 "이제 아예 대놓고 회사 떠날 준비를 하는구나." 하고 지레짐작할 수도 있다. 이런 생각이 들 때면, 혹시라도 직장 상사나 팀장이 보기라도 한다면 큰일이겠다 싶어 아찔하기까지 하다. 사실 그렇다. 일에는 관심 없고 온통 다른 데 정신이 팔려 있는 사람처럼 보이기 딱 좋으니까. 하지만 다행히 지금껏 그런 피드백을 받아본 적은 없다. 그럼, 혹자는 이렇게 물을지 모르겠다. "그러면 왜 그렇게 불안에 떨면서까지 취미생활을 합니까?"

이유가 있다. 특히 SNS를 활용하는 이유는, 바로 내 꿈을 응원해주고 코칭해주는 사람들을 만날 수 있어서다. 나는 이들을 꿈을 공유하는 사람들이라는 뜻에서 인맥이 아니라 '꿈맥'이라 부르곤 한다. 솔직히 직장에선 나이가 들고 직급이 올라갈수록 코칭해줄 만한 사람은 점점 줄어들기 마련이다. 아니, 코칭은 고사하고 밀려나지 않으려고 피 터지게 싸우는 통에 바로 옆자리에 앉은 사람한테 고개를 돌릴 시간도 없다. 시시때때로 밀고 밀치는 상황 속에서, 그 분위기에서 서로에게 코칭이라니 ……

그런데 SNS 활동은 좀 색다르다. 여러 사람과 꿈을 공유하는 장이고, 또 그러는 가운데 꿈맥과 함께 서로 도와가다 보면 생각하는 관점이 창의적으로 변하기도 한다. 더구나 꿈맥들은 내가 직장인이라는 이유 때문인지 보다 더 격려하고 응원해주는 것 같다.

나중에 안 사실인데, 직장인들은 SNS에 거의 관심을 두지 않는다. 대부분이 SNS를 단지 정보를 습득하는 도구로만 사용하는 모양인데, 안 그래도 보아야 할 것들이 넘쳐나는 판에 굳이 남이 무슨 활동을 하는지 신경 쓸 겨를이 없는 거다. 물론 처음에 한두 번 관심을 둘 수는 있다. 하지만 이내 그런 관심은 사그라지고 만다. 왜 이 말을 하냐고? SNS나 그밖의 남들 눈에 띄는 취미생활을 하는 데에 전혀 신경 쓰지 않아도 된다는 말을 해주고 싶어서다.

말이 나온 김에 하는 말인데, 이왕 취미생활을 하려면 전문적으로 하라고 권하겠다. 단순히 취미에서 얻을 수 있는 스트레스 해소 그 이상의 열정과 에너지를 공급받기 때문이다. 저마다 재능과 관심 있는 분야가 다르겠지만, 나 같은 경우는 공연하기나 책 쓰기에 관심과 시간을 쏟고 있다.

사실 일 외에 취미를 전문적으로 하게 된 데에는 특별한 계기가 있었다. 직장생활을 해오면서 오로지 일에만 올인했던 내게

한 날은 아내가 가슴이 철렁 내려앉는 말을 했다.

"당신한테 우선순위는 가족이 아니라 일이지? 차라리 혼자서 살지 그랬어?"

온 힘을 다해 일했건만 끝내 돌아오는 열매가 고작 이거라니…. 게다가 설상가상으로 모든 열정과 에너지가 한순간에 고갈되는 시점을 맞이하기까지 했다. 건강 문제였다. 여태껏 받아왔던 스트레스가 한계점에 다다랐던 모양이다. 회사에서 컴퓨터 앞에 앉기만 하면 얼굴이 후끈후끈 달아오르면서 앉아 있기가 힘들 정도였다. 벌겋게 달아오른 얼굴을 본 동료들은 어디 아프냐며 근심어린 시선을 보냈고, 급기야 민망해서 부서 내에 있는 게 불편해지기에 이르렀다. 결국, 회사를 그만두어야 하는 건 아닌지 심각하게 고민하기 시작했다. 아, 몸이 망가지니 그리도 좋아하던 일이 무용지물이었다.

하지만 당장 회사를 그만둘 수는 없었다. 퇴사 후 다가올 후폭풍이 무서웠다. 무엇보다 경제문제가 내 목을 옥죄었다. 하는 수없이 회사에 사정을 말하고 업무량을 줄여갔다. 그런 다음 휴식을 취하면서 그동안 배우고 싶어도 시간이 여의치 않아 못했던 복화술과 저글링을 배우기 시작했다. 아마도 그때가 진정한 나를 찾아 떠나는 여행의 출발점이었던 것 같다. 경황이 없어서 아무런 계획도 세우지 못하고 그저 스트레스만 좀 해소하자 싶은 마음으로 발을 들였다. 그랬던 것이 이제는 남들 보기에도 스트레스 해소를 위한 활동이라고 말하기에는 도를 넘어섰고, 그렇다고 은퇴를 준비하는 과정으로도 보이지 않게 되었다. 만약 그것이 은퇴를 준비하는 과정이었다면 아마 회사 일은 등한시했을지도 모르겠다. 하지만 그와는 정반대였다. 오히려 취미생활에 필요한 시간을 벌기 위해 일을 열심히 빨리 끝내려고 노력했고, 그러다 보니 일의 능률도 오르고 동료들에게도 좋은 평가를 받게 되었다.

　이런 독특한 경험을 하고 난 후, 꿈을 찾아 회사를 떠나려는 사람들에게 기회가 닿는 대로 내 얘기를 해 주며 직장생활과 꿈을 병행하라고 독려하고 있다. 처음엔 그다지 영향력을 발휘하지 못하는 것 같았는데 요즘 들어 차츰 상황이 반전되는 기미가 느껴진다. 우연히 내 활동을 알게 된 동료들이나 후배들 내지는 공연하면서 만난 사람 중에 직장을 그만둘까 말까 고민하던 이들이 내 얘기를 듣고 마음을 바꾸기도 한다. 그들이 맨 처음 보인 반응은 하나같이 똑같았다.

　"직장생활을 하면서 어떻게 하고 싶은 일들을 하며 살죠? 도대체 비결이 뭡니까?"

　비결은 바로 이것이다.

듀얼 해피니스와 스마트워크는 어떻게 다른가?

스마트워크란 IT를 이용해 시간과 장소에 얽매이지 않고 언제 어디서나 일할 수 있는 체제를 말한다. 스마트워크 시대가 다가

온 요즘 실제로 스마트폰이나 태블릿 PC 등 IT 기기를 이용해 사내 업무를 확인할 수 있으며, 꼭 출근하지 않더라도 집에서 업무를 처리할 수 있다. 나도 출퇴근길에 스마트폰을 이용해 사내 메일이나 메신저로 의견을 주고받는 것은 기본이고, 사내에서 제공하는 시스템을 활용해 집에서 근무할 때도 잦다. 아니, 피치 못할 상황으로 야간작업이나 주말작업이 발생하면 집에서 작업하는 것을 더 선호하는 편이다. 머리가 복잡할 땐 차라리 일찍 퇴근해서 집에 와 편한 복장으로 갈아입으면 오히려 능률이 오르는 걸 경험하기도 한다.

어떤 면에서 보면 개인의 삶을 더 중요시하는 사람들에게 스마트워크는 삶을 풍요롭게 만들어 주는 제도가 아닌가 싶다. 한편 여성의 경우에도 가정의 대소사는 물론이고 자녀교육이나 육아 문제를 챙길 수 있기 때문에 좋을 듯하다. 이처럼 스마트워크가 추구하는 본질은 가정생활에 충실하도록 하면서 일의 효율도 증가시키겠다는 의도다.

반면에 스마트워크를 거부하는 사람들도 있다. 직장생활에서 벗어나 퇴근한 후에는 회사 일은 아예 생각하기조차 싫다는 것이다. 그들의 주된 생각은 '일은 일이고 삶은 삶이다'라는 거다. 이들에게 스마트워크는 일과 삶의 균형은 둘째치고 삶의 질까지 격하시키는 제도일 수 있다. 다시 말해 본래 일과 삶의 균형을 추구하는 스마트워크와 대치되는, 일과 삶의 불균형 현상이 느껴지는 것이다.

　내 생각에 이런 사람들에겐 듀얼 해피니스가 제격이지 싶다. 본래 취지와 달리 스마트워크는 회사가 일과 삶의 균형을 해결해 주지 못하면 퇴근 후에도 일에서 벗어나지 못할 가능성이 다분하다. 반면에 듀얼 해피니스는 그런 타의적인 개념이 아니다. 어떤 환경에서도 자신의 의지를 담아 꿈에 도전하면서 행복을 추구하는 것이다. 그러기에 일이 있으면 회사에 늦게까지 남아 일하고, 반면 일이 없으면 다른 사람 눈치 보지 않고 일찍 퇴근해서 개인의 꿈에 도전한다. 이거야말로 주도적인 삶이 아니겠는가.

　직장인들에게 있어 일은 매우 중요한 생계수단이다. 확실한 생계수단을 확보하려고 개인의 삶은 접어두고 일만 하는 사람이 너무나 많다. 그런 이들에게 아무리 외쳐봐야 스마트워크는 단지 제도적인 변화일 뿐이지 원천적인 삶의 변화를 일으키지는 못한다. 하지만 듀얼 해피니스는 스마트워크와 관점이 다르다.

　듀얼 해피니스의 장점은 일단 취미를 전문적으로 하다 보면 생계 문제가 얼마나 중요한지 깨닫게 되고, 이 깨달음을 통해 직장은 꿈을 위해 필요한 든든한 버팀목으로 이어진다. 그러면 직장 생활을 더 열심히 하는 동시에 꿈을 향해 힘차게 전진하게 된다. 이어 꿈을 통해 얻은 활력이 다시 일터로 돌아간다. 이렇게 듀얼 해피니스가 삶의 선순환을 가져오면 삶의 질은 저절로 향상될 게 틀림없다. 물론 취미생활은 꿈도 못 꾸는 사람도 많겠지만, 그렇다고 해서 전혀 시간을 내지 못하는 건 아닐 것이다. 맘만 굳게 먹으면 어찌어찌해서 다만 얼마간이라도 시간을 낼 수 있지 않을까? 저마다의 상황이 다 다르겠지만, 의지 문제가 가장 중요하다고 보는 것이다.

혹 당신은 지금 직장을 그만두려는 마음이 앞서거나 직장생활이 지긋지긋한가? 그럼 더더욱 듀얼 해피니스가 필요하리라. 왜냐하면 듀얼 해피니스는 꿈을 위해 직장을 그만둔 사람들은 겪어보지 못할 기이하고 특별한 경험이니 말이다.

3. 자유로운 영혼으로 살아가기

직장인이라면 한 번쯤 회사를 그만두겠다든지, 아니면 지금보다 더 나은 조건의 회사로 옮기겠다는 생각을 해본 적이 있을 것이다. 내 경우도 다를 바 없다. 회사에 입사한 이래 3년마다 이직을 생각했고, 심지어 직장을 때려치우겠다고 마음먹은 적도 여러 번 있었다. 직장생활 20년 차에는 결심 정도가 아니라 제대로 고민을 좀 해봤다. 스트레스와 만성피로로 체력이 바닥났고, 의사로부터 잠시 쉬라는 권고까지 받기에 이르렀으니 말이다. 더는 회사에 다닐 수 없다는 생각이 나를 짓눌렀다. 아, 직장인으로서 살아간다는 건 정말이지 고단한 여정이 아닐 수 없다.

때마침 헤드헌터로부터 이메일 하나가 톡 날아들었다. 어떻게 내 연락처를 알았는지 모르겠지만, 내용을 읽어보니 아직도 내가 일본 삼성에 근무한다고 아는 모양이었다. 그나저나 헤드헌터가 소개한 회사는 도쿄 소재 컨설팅회사로, 해외 근무 경험에 마케팅 업무 경력자를 찾고 있었다. 그들 구미에 딱 맞는 사람이 바로 나였다. 이참에 이 지긋지긋한 회사를 때려치우고 도쿄로 날아가면 좋을 것도 같았다. 이력서를 써보기로 작정했다.

막상 이력서를 쓰려 하니, 그것 참, 나라는 사람이 뭐 하나 그다지 내세울 게 없는 존재란 사실이 피부에 와 닿았다. 영어 실력이 특출하길 하나, 골프를 잘 치길 하나, 그렇다고 남들 앞에서 말을 똑 부러지게 하나…. 특기를 써보려고 머리를 싸매도 도무지 생각이 나지 않는 거였다. 마침내 이런 결론을 내리기에 이르렀다.

'지금 실력으론 어디도 못 가겠구나!'

나름 열심히 살아왔다고 자부했건만, 주위를 둘러보지 않은 탓에 세상이 어떻게 변해 가는지도 몰랐고, 자기 계발 없이 무작정 달리기만 했던 것이다.

그리고 이런 생각이 들었다.

'20년 직장생활에서 과연 남은 것은 무엇일까?'
'나는 무엇을 위해 일하고 있나?'
'여기서 회사를 그만두면 후회하지 않겠는가?'
'다른 회사로 옮기면 지금보다 더 잘할 수 있을까?'

수없이 질문을 던지며 답을 찾아보려고 애썼다. 무심코 달려왔다는 사실이 머리로만 깨달아지는 게 아니라 가슴 깊숙이 전해져 왔다. 지금껏 무엇을 위해 열심히 살았는지, 또 앞으로 어디를 향해 달려가야 하는지 방향을 찾아보려 한참을 고민했다. 그리고 제2의 인생, 내가 원하는 노후의 모습, 그것을 위해 지금 어떻게 살아야 할지, 마지막으로 나답게 산다는 게 무엇인지까지.

정확한 답을 찾지는 못했지만, 회사를 그만둘 때 그만두더라도 이것만은 좀 해보자고 마음먹었다.

떠날 때 떠나더라도 이것만은 좀 해보자

첫째, 직장생활, 남는 건 건강이다.

회사를 그만둔다고 생각하자 제일 먼저, 끊어놓고 쓰지 않은 회사 내 휘트니스 회원권이 눈에 아른거렸다. 틈틈이 사용했으면 좋았으련만 뭐 그리 바쁘다고 운동할 시간조차 내지 못했는지. 안 그래도 왼쪽 무릎 십자인대 수술한 데가 재활훈련을 안 해서 날만 흐려도 쿡쿡 쑤시는데……. 이런 저질 체력으로 이직한들 뭘 하겠나 싶었다. 내심 마라톤에 도전하고 싶은 마음이 굴뚝같았지만, 이렇게 몸이 말이 아니어서야 마라톤은 고사하고 백 미터 달리기도 어려울 판이었다.

요즘 별다른 일이 없으면 점심시간은 무조건 운동이다. 혹 상사 눈치는 안 보는지 궁금한가? 어차피 회사를 그만둘 생각마저 했었는데 남 눈치 볼 게 뭐가 있겠나. 다만 점심시간에 운동하느라 쓴 시간을 보충하려고 스마트하게 일하려 혼신의 노력을 다한다는 말은 해두고 싶다. 아 참, 얼마 전엔 드디어 15킬로미터 마라톤을 완주했다.

둘째, 나만의 색깔을 내는 장기 하나쯤 개발하자.

남 앞에 나서는 걸 무척 어려워하는 사람이 복화술과 저글링을 배웠다. 남 앞에 혼자 서서 멀뚱멀뚱 아무 말도 못 하느니 인형과 공이 있으면 그나마 낫겠다 싶은 생각에서였다. 참 신기한 것이, 공연할 수 있는 장기가 생겨나자 자신감이 붙고 생동감이 넘쳐났다. 나를 좋아하는 팬이라는 존재까지 더해지자 자존감마저 높아지면서 스스로가 만족스럽고 사랑스럽기까지 했다. 중간 관리자로 허구한 날 직장에서 이리 치이고 저리 치이는 탓에 자존감이 바닥까지 내려갔던 상황에 한 줄기 단비가, 아니 시원스런 소낙비가 퍼붓는 듯했다.

솔직히 직장인이 자기 존재감을 드러낼 기회는 별로 없다. 설사 있다 하더라도 들이대기를 시도하는 사람은 그리 많지 않다. 하다못해 회의 발언이나 발표, 보고서에도 절대 존재감을 드러내지 않으려 한다. 가벼운 사람으로 보인다거나 아니면 인사 상 불이익이 올 수도 있다는 우려에서 그러는 듯한데, 이런 생각에서라면 걱정할 필요가 없다. 친한 인사과 직원 말로는 요사이 내 행보가 무척 좋아 보인다고 한다. 기회가 되면 회사 행사 무대에도 한 번 서달라고 덧붙이기까지 했다.

셋째, 아내와 소통하는 법을 배우자.

나이가 들어갈수록 아내가 씩씩해져만 간다. 왠지 나한테서 멀어지는 느낌도 든다. 아내는 내가 그토록 바쁘게 일하는 사이 무슨 생각을 하고 어디에 관심을 쏟으며 살았을까…. 한 날은 불안한 마음이 들었다. 한 동료의 아내 말이 내게 위기감을 준 것도 사실이다. 동료는 어느 날 갑자기 회사를 그만두고 해외 어학연수를 떠나겠다고 선언했다. 그러면서 아내에게 어학연수를 떠나기 전에 여행도 가고 등산도 하면서 그동안 바빠서 함께 못한 시간을 채우자고 애정이 듬뿍 담긴 얼굴로 말했다. 그러자 아내는 미간을 살짝 찡그리며 어이없다는 표정을 지으며 이렇게 말했다고 한다.

"내가 얼마나 바쁜 줄 알아요? 애들 돌보랴, 동네 아줌마들이랑 놀러 다니랴, 스케줄이 빡빡한데 당신하고 보낼 시간이 어디 있어요?"

허 참, 이 말이 내 가슴에 비수처럼 꽂혔다는 사실.

그때부터 아내와 소통하기 위해 남녀 관계에 관한 책을 읽기 시작했던 것 같다. 남녀 관계란 알면 알수록 기이하고 신비하기까지 하다는 걸 새삼 알게 되었다. 뭐 어쨌거나, 그런 노력 덕분인지 몰라도 요즘 아내와의 대화를 통해 여자들의 대화법을 하나둘 배워 가고 있다. 결론도 없고, 알맹이도 없지만 밤새도록 재미나게 떠들 수 있는 그 대화법에 푹 빠졌다고도 말할 수 있다. 이성적으로 따지면 효율적이지 못하고 시간 낭비라고 여길 수도 있지만, 감성적으로 받아들이면 행복이란 바로 이런 것이 아닐까 하는 느낌도 든다.

넷째, 누군가에게 희망이 되는 직장인이 되자.

호랑이는 죽어서 가죽을 남기고 사람은 죽어서 이름을 남긴다는데 과연 난 회사를 그만두면 무엇을 남기게 될까? 20년 이상 직장생활을 했건만 한낱 물거품처럼 소리 소문 없이 사라져버리는 걸까? 하긴 주변의 상사들도 떠날 때는 그랬으니까⋯⋯. 뭐 이렇게 스스로를 다독일 수도 있겠으나 아무리 생각하고 또 생각해도 그럴 수는 없는 노릇이었다. 인간미라곤 눈곱만큼도 없이 줄곧 월급만을 위해 달려온 사람으로 기억되고 싶진 않았다. 다른 건 몰라도 이런저런 문제로 힘들어하는 사람들에게 한 줄기 희망을 안겨주고도 싶었다.

맘 같아선 한 사람 한 사람 붙들고 그동안 겪어온 직장생활의 노하우며, 위로와 격려를 넘어 앞으로 나아갈 방향에 대해 함께 고민해주고 싶은 생각이 굴뚝같았다. 하지만 물리적으로 도저히 불가능해 보였다. 해서 책을 쓰기로 마음먹었다. 물론 은퇴 후에 쓸 수도 있겠으나 현장에 있는 사람이 전해주는 메시지야말로 훨씬 더 직장인에게 와 닿을 것도 같았다.

이렇게 살아가는 나는 자유로운 영혼임이 틀림없다. 어디에도 누구에게도 구속되지 않는 사람이니 말이다. 회사에서도 하나의 독립체로 우뚝 선 느낌이다. 예전엔 평가 철이 돌아오면 유독 상사의 말 한마디에 신경을 곤두세웠고, 평가에 따라 일희일비했으며, 힘들어하는 동료를 보아도 그러려니 하면서 본체만체했었다. 하지만 지금은 달라졌다. 동료들을 보면 안쓰러운 마음에 따뜻한 말 한마디를 건네게 되었고, 회사에도 고마운 마음이 들었다. 사실 그랬다. 내 돈을 들여 해외에 나간 것도 아니고 회사가 돈을 대주어 주재원 신분으로 해외생활을 마음껏 누렸으니까. 언제 회사를 그만둘지 알 수 없지만, 그때까지 힘닿는 대로 회사에 기여하고도 싶다.

결국, 내 삶을 책임지는 건 회사도 상사도 아니다. 바로 나 자신이다. 지금 나는 회사 떠날 시점을 한 해 한 해 연장한다는 마음으로 살아간다. 그러니 누구의 눈치를 볼 필요도 없고 그저 떠날 때까지 후회하지 않을 일에 도전할 뿐이다. 어쩌면 하고 싶은 일이 하나씩 늘어갈 때마다 이런 생각을 할지도 모른다. 과연 이 회사를 떠날 수 있을까?

4. 내가 햇병아리라고?

"자넨 아직 햇병아리에 불과해. 햇병아리. 내가 자네 나이로 돌아 갈 수만 있다면 하고 싶은 일이 얼마나 많은데 그래. 젊은 사람이 무슨 걱정이 그리 많아? 어깨에 힘 좀 주라고. 좀 더 큰 꿈을 품고 자신 있게 살아."

일본에 주재원으로 파견 나가 있을 때 육십 세쯤 된 현지채용 일본인 총괄 팀장이 내게 농담조를 섞어 한 말이다. 사업이 곤두 박질치는 상황이라 힘들어하고 있던 나를 격려하고자 던진 말이 었지만 당시 이런 생각을 했다.

'내 나이가 몇인데 햇병아리라뇨. 그리고 입장 좀 바꿔보세 요. 내가 얼마나 힘든지 몰라서 지금 그런 소리를 하시는지요.'

물론 상사가 한 말이라서 무어라 대꾸는 하지 않았다. 그런데 참 이상한 것이, 이 말이 내 가슴에 비수처럼 꽂혔는지 지금도 이 따금 떠오르곤 한다는 사실이다. 사십 대가 햇병아리라니……

이제 나도 나이가 들었나 보다. 그때 그 일본인 팀장처럼 후배 사원들이 햇병아리처럼 보이니 말이다. 한데 이 햇병아리들이 어떠냐 하면, 사는 게 재미없고 살아가는 이유도 모른 채 그저 앞만 보고 달리는 것 같다. 아니, 어떨 땐 일하기 위해 태어난 사람들처럼 보이기도 한다. 도대체 아는 건 많은 친구들이 왜 그리 일만 파고드는지…. 그나마 숨통이 트이는 건 회식 자리라고나 할까. 동료들은 삼삼오오 모여 술잔을 기울이며 서로 위로와 격려의 말을 주고받고 파이팅을 외친다. 하지만 그런 긍정적인 기운은 만 하루를 가지 못한다. 다음 날 아침이면 여지없이 원래의 피곤한 일상으로 되돌아갈 뿐이다. 이런 쳇바퀴 같은 일상을 살다보면 어느새 나이 서른이 되고 훌쩍 마흔이 되고 어영부영 오십이 되고 만다.

　나도 한때 나이가 들면 상황이 나아질 거라 기대한 적도 있었다. '직급이 올라가면 권한이 많아질 테고, 그러면 모든 면에서 안정되고 명확해지리라.' 그러나 현실은 그렇지 못했다. 시간이 흐를수록 불안은 점점 커져만 갔다. 아직 갚아야 할 주택담보 대출과 자녀 학비 등 떠맡아야 할 책임이 늘어갔고, 은퇴문제마저 맞닥뜨리자 통제 불능 상태가 되어 버렸다. 모든 게 내 힘으론 감당해 낼 수 없는 어려운 숙제고 문제라고만 느껴졌다. 아, 솔직히 이런 고민이 나만의 고민은 아닐 것이다. 많은 사람이 이런 고민을 시도 때도 없이 하다가 종래엔 시쳇말로 '멘붕' 상태에 빠지니 말이다.

　멘붕 상태란 자신이 직면한 문제와 대면하지 못하고 포기해버리는 상태이지 싶다. 자칫하면 일에서 오는 피곤함을 넘어 자기 정체성마저도 잃을 수 있는, 뭐 그런 상태. 주위를 둘러보면 어떤 사람들은 무엇이 문제인지 모른 채 끙끙 앓고만 있고, 또 어떤 사람들은 문제는 인식하고 있지만 솔직하게 자신과 대면하지 못하고 있는 것 같다. 진짜로 사는 게 힘들거나 재미없다면 원인부터 찾아야 하는 게 순서인데, 인생 뭐 별거 있어 식의 자조적인 태도로 인생을 하찮게 취급해버리는 사람들도 수두룩하다. 그런데 냉정히 내면을 들여다보면, 그러는 이유가 녹록치 않은 주변 상황보다는 자신을 잃어버렸기 때문은 아닐까?

만약 그러하다면 이 문제를 해결하기 위해 우리는 무엇을 해야 할까? 우선 '나는 어떤 사람인가?' 하는 물음에 대한 답을 찾아야 한다. 사실 모든 문제의 해답은 외부에 있는 게 아니라 내 안에 숨어 있으니 말이다.

내 꿈은 듀얼 해피니스를 실천하는 할아버지

내 꿈은 '듀얼 해피니스를 실천하는 할아버지'다. 남이 보기에 그다지 거창한 꿈은 아니다. 하지만 난 겉보기에 화려한 성공보다는 행복을 추구하기에 남의 시선은 개의치 않는다. 내 머릿속에는 언제나 변하지 않는 흐릿한 그림 한 장이 있다. 내가 그 그림을 그렸는지 아니면 저절로 그림이 그려졌는지 확실히 알 수는 없다. 다만 분명한 건 시간이 흐르면 흐를수록 그 그림이 점점 더 구체화되고 있다는 점이다. 아니, 어쩌면 그렇게 살고 싶은 바람이 투영됐는지도 모르겠다. 이유야 어떻든 간에 이 그림을 꿈이라 부르며 딴에는 신이 나서 남들에게 꿈 얘기를 한다. 그러면 다들 무슨 꿈이 그리도 소박하냐며 백이면 백 웃어넘긴다. 아마도 농담이라고 생각하는 모양이다. 맞다. 농담은 아니지만 실로 평범하기 그지없는 꿈이다. 하지만 사람들은 모른다. 내 꿈속에 얼마나 놀라운 비밀이 들어 있는지를.

난 칠십이 되어서도 아이들과 함께 신나게 뛰놀고 싶다. 내가 아이들을 엄청 좋아하기 때문이다. 그러려면 우선 해결해야 할 문제가 있다. 지금 내 나이 중년인지라 아직까진 아이들을 만날 기회가 그럭저럭 있다지만 칠십 대에도 그렇다는 건 보장할 수 없다. 사실 그렇지 않나. 어떤 엄마들이 나이 든 노인에게 자기 아이들과 놀아달라고 하겠는가. 그러니 내 꿈은 언뜻 소박해 보이지만 절대로 소박한 꿈이 아닌 것이다

제일 먼저 든 생각은 그랬다.

'노인이 되어서도 아이들을 즐겁게 해주려면 건강부터 챙겨야겠다. 그리고 늙으면 몸으로 놀아줄 수 없으니 공연 같은, 뭐 그런 걸로 아이들을 즐겁게 해주자.'

이리 생각하니 공연 기술이 급선무였다. 그 다음은 부모들의 신뢰를 얻어야 하니까 책도 쓸 필요가 있었다. 생각에 생각이 꼬리를 물고 이어졌다. 마침내 해야 할 일은 세 가지로 압축되었다. 바

로 건강, 공연, 작가. 나는 일단 이것들을 도전 목표로 설정했다.

얼마 전 15킬로미터 마라톤을 완주하는 쾌거를 올렸다. 우여곡절을 겪긴 했다. 마라톤을 하려면 근육이 단단해야 하는데 과거 무릎인대 수술을 한 후 재활훈련이라곤 받아본 적도 없는 터라 대회 출전 자체가 무리였다. 근육훈련 없이는 연골이 금세 닳아버릴 것이 뻔했기에 근육훈련부터 차근차근 시작해야 했다. 돌아보면 마라톤에 출전하기까지는 근 일 년이 걸린 것 같다.

동시에 나는 북Book화술에도 도전했다. 북Book화술도 역시나 그리 만만한 도전이 아니었다. 책을 소개하는 일은 생각보다 어려웠다. 다른 사람의 책이기에 더욱 꼼꼼히 읽고 핵심도 잘 뽑아내야 했다. 이런 도전 외에도 저글링 연습을 포함해 이미지 브랜딩을 위해 지인의 도움을 받아 안경과 헤어스타일을 바꿔보는 등 색다른 시도도 서슴지 않았다.

아직 모든 도전이 끝난 건 아니고 진행 중이다. 지금은 책 쓰기에 도전하고 있다. 책을 쓰면서 가장 좋은 건 창작의 즐거움을 맛보고 있다는 점이다. 그동안 막연하게 떠올랐던 생각들이 일목요연하게 정리되면서 새로운 아이디어가 탄생하고, 나아가 이를 표현하는 가운데 새삼 나를 알아가는 경험을 하고 있다.

물론 여기서 도전을 멈출 생각은 없다. 앞으로도 비트박스, 브레이크 댄스, 성악 등 도전해보고 싶은 일들이 무궁무진하다. 아마도 꿈이란 게 내면의 기쁨과 도전 의식을 끊임없이 솟구치게 하는 모양이다. 무엇보다 꿈은 평범하던 내 일상에 찾아와 나를 삶의 주인공으로 삼아주었다. 꿈 덕분에 직장생활도 즐거워졌다. 예전에는 거기서 거기인 하루가 끝도 없이 이어졌다면, 지금은 퇴근 후에 할 일이 있기 때문에 회사에서는 최대한 효율적으로 일을 빨리 끝내야 한다.

누구나 지금 있는 그 자리가 바로 꿈의 무대가 될 수 있다. 나는 꿈은 다른 데서 찾는 것이 아니라는 말을 해주고 싶다. 그리고 꿈은 막연한 그 무엇이 아니라는 것도. 꿈을 구체화하다 보면 결과보다도 이루어 가는 과정에서 더없는 기쁨이 느껴진다. 그러면 활력이 솟아나고, 그 활력을 직장생활에 쏟을 수 있다. 물론 이 과정은 모두 진정한 나를 찾아가는 과정이 될 것이다.

많은 주부들이 주말 내내 아이들과 놀아주기는커녕 잠만 자고 TV만 보는 남편을 향해 볼멘소리를 한다. 어떤 남편들은 스트레스 해소 차원에서 주말이면 아예 집 밖으로 돌기도 한다. 평일에는 회사 일로 바쁜 탓에 혼자만의 시간을 갖지 못해 주말이라도 여유를 누리려는 것으로 보인다. 뭐 그럴 수 있다고 생각한다. 나도 휴식이 필요한 대한민국의 아빠인지라 이해가 안 가는 것은 아니다. 다만 이왕 쉬는 거라면 좀 더 의미 있는 시간을 보냈으면 좋겠다는 바람은 있다. 주말에 그토록 쉬었는데도 월요일 아침이면 언제 그랬냐는 듯 피곤한 심신으로 돌아간다면 쉬는 의미가 없지 않나 싶어서다. 내가 생각하는 재충전이란 자신의 정체성과 꿈을 다시 찾는 충전의 시간이며, 잃었던 활력을 되찾고 다시 씩씩하게 일터로 발걸음을 옮길 수 있는 에너지를 얻는 시간이다. 단순히 아무 일도 안 한다고 충전이 되는 것은 아니다.

5. 꿈은 떨어뜨리지 마라

취미로 저글링을 시작한 지도 일 년이 되어간다. 시간이 날 때마다 집에서 연습하곤 했는데 얼마 전, 부족하나마 남들에게 보여줄 정도는 됐다 싶어 SNS에 저글링 동영상을 공유하기 시작했다. 얼마 지나지 않아 운 좋게 두어 번 전시회 오프닝과 강연회에 서는 행운을 얻었다. 지금은 정식 공연에 설 날을 꿈꾸며 열심히 연습 중이다. 아래 글은 SNS에 동영상으로 공유했던 저글링 메시지인데, 꽤 반응이 좋았기에 싣는다.

저글링 공 하나를 들어 보인다. 오른쪽에서 왼쪽으로, 다시 왼쪽에서 오른쪽으로 왔다 갔다 공을 던지고는 바로 그 공이 '일'이라고 소개한다.

"예전에 나는 이 공처럼 집, 회사를 쉬지 않고 오가며 살았어요."

"우리 어머니는 그런 나를 보며 별 보고 출근해서 별 보고 퇴근하는 불쌍한 아이라고 말했죠."

이번엔 다른 공을 꺼내 보여준다.

"'삶'이라는 이름의 공입니다."

"세월은 좋아졌고, 이제 더 이상 일만 해서는 안 되죠. 여기저기서 일과 삶의 균형을 이루라고 이야기합니다."

이제 공 두 개를 번갈아 왼쪽에서 오른쪽으로, 다시 오른쪽에서 왼쪽으로 던진다.

"일과 삶, 삶과 일."

"어때요? 슬슬 재미있어질 것 같죠? 이제 나는 인생을 공연하듯이 살기 시작했습니다."

계속해서 반복적으로 공을 오락가락한다.

"일과 삶, 삶과 일."

마지막으로 공 하나를 더 추가하면서 나는 이렇게 말한다.

"일과 삶이라는 두 개의 공만으로 공연하기엔 뭔가 허전한 것 같아요. 한마디로 재미가 없지요."

"여기에 '꿈'이라는 공 하나를 더해 볼게요."

"그런데 참 재미있는 것이, 꿈이라는 공은 재질이 다르다는 거예요. 다른 공들은 모두 고무 재질이지만 꿈이라는 공은 유리 재질입니다."

"자, 이제부터는 얘기가 달라지겠죠? 유리 공이 떨어지면 안 되니까요. 떨어지면 깨져버릴 거예요. 다시 저글링을 시작합니다."

나는 멋진 저글링을 선보인다. 일, 삶, 꿈이라는 세 개의 공이 내 손을 떠나 공중에서 잠시 머물렀다가 다시 내 손으로 아슬아슬하게 들어온다. 다행히 아직은 떨어뜨리지 않고 그럭저럭 잘해내고 있다.

"어때요? 여러분의 시선은 저와 마찬가지로 꿈이라는 공에 가 있지 않나요? 꿈이라는 공이 떨어지지나 않을까 노심초사하면서 말이에요."

"꿈은 이렇듯 여러분의 인생을 흥미진진하게 만들어준답니다."

듀얼 해피니스의 핵심에 대해 말하려고 저글링 얘기를 꺼냈다. 엄밀히 말해 일과 삶의 '균형'은 우선순위에 대한 문제가 아닌가 한다. 일보다 중요한 것이 개인의 삶이라고 하면 많은 사람이 동 의한다. 하지만 우리의 인생을 흥미진진하게 만드는 꿈을 우선순 위에 두어야 하는가에 대해서는 글쎄일 것이다. 꿈은 깨질 수 있 는 성질이라 당연히 우선순위에 두어야 하는데도 말이다. 내 생각 은 그렇다. 일과 삶은 끊임없이 실수하고 깨지면서 배움을 통해 성숙해가는 과정이지 싶다. 하지만 꿈은 좀 다르다. 한 번 깨져버 리면 여간해선 다시 꿈꾸고 행동에 옮기기 어렵다고 보는 거다.

어떤가? 좀 전보다 개인의 꿈이 소중히 느껴지지 않는가? 개 인의 꿈을 중요시하면 일과 삶의 균형은 저절로 이루어진다. 그 렇다고 해서 우선순위라는 말을 오해하지 말았으면 좋겠다. 절대 먼저 하라는 뜻에서 사용한 말이 아니다. 반드시 해야 한다는 의 미다. 당연히 시간상으로는 일이 먼저고, 개인의 삶은 나중이 되 겠지만, 머릿속에서만큼은 자신의 꿈을 우선으로 챙겨야 한다는 소리다. 그래야 매일매일 잊지 않고 실천하게 될 테니까.

일과 삶의 분리

주재원 시절에 현지 채용 일본인 직원들을 보면 내 상식으로는 도저히 이해가 안 가는 게 있었다. 그들은 누구나 휴대폰을 두 대씩 들고 다녔다. 한 번은 궁금해서 일본인 직원에게 물어보았다.

"회사에서 휴대폰 요금 지급해주는 거 몰라요? 회사에서 쓰는 휴대폰을 퇴근 후에도 가지고 다니면 되잖아요. 왜 내 돈을 들여가면서까지 개인 휴대폰을 써요?"

내 물음에 그는 아리송한 웃음만을 지었다. 나중에 알고 보니 일본인들은 퇴근하기 무섭게 회사용 휴대폰을 꺼버리고 개인용 휴대폰으로 갈아탄다는 거였다. 그들은 회사와 맺은 계약서대로만 일하면 된다고 여기기 때문이라는데, 그래서 퇴근하는 순간 회사에서 급한 연락이 와도 무시해 버린다. 좌우지간 이런 일본인들의 습성 때문에 긴급한 일이 발생했을 때 여러 번 낭패를 보곤 했다. 아무리 연락해도 도통 전화를 받지 않으니……. 한국사람 정서상 그래도 그렇지 너무 매정한 것 아닌가 하는 생각도 들었다. 허나 그들은 일과 개인 삶을 똑같이 중요시한다니, 그래서 꾸역꾸역 자기 돈까지 써가면서 개인 휴대폰을 마련한다는데 뭐어쩌겠는가.

일과 삶을 완전히 분리한다는 건 아직 우리네 정서와는 동떨어진 별나라 얘기처럼 들릴 수 있겠다. 그래도 단지 남의 나라 얘기라고 쉽사리 넘겨버릴 일은 아닐 듯하다. 일본도 예전에는 지금의 우리나라와 비슷한 조직 문화였다고 하니 우리도 그네들처럼 바뀌지 않으리라고 누가 보장하겠는가. 나는 때때로 그들의 이러한 문화 때문에 낭패를 보기도 했지만, 한편으로 그리 나쁘지 않다는 생각도 든다. 아니, 어느 정도는 일과 삶을 분리할 필요가 있다고 본다. 사실 일과 삶의 명확한 구분 없이는 결국 개인의 삶이 피해를 볼 수밖에 없다. 나는 당신이 별 보고 출근했다 별 보고 퇴근하는 삶의 연장선상에 머무르지 않았으면 좋겠다. 물론 열심히 일하는 사람들이 있기에 회사가 성장해 온 것도 엄연한 사실이다. 하지만 지금은 거꾸로 회사 차원에서 개인의 삶을 소중히 여기길 바라고 권하는 추세다.

한 예로, 얼마 전까지만 해도 주말에 쉼 없이 날아오던 이메일이 요사이 별안간 뚝 끊겨버렸다. 주말에 쉬라는 얘기다. 이제 회사도 일과 삶의 균형이 이루어졌을 때라야 창의적인 성과가 나온다고 여기는 모양이다. 다른 회사는 어떤지 모르겠으나 사회적으로 이런 변화가 곧 찾아오리라 생각한다. 그렇다면 기회를 놓치지 말고 취미든 꿈이든 개인의 삶을 찾아야 하지 않겠는가. 가만 있어봤자 손해 보는 쪽은 회사가 아니라 우리니 말이다. 손해 보지 않으려면 때론 당신 스스로가 단호하게 일과 삶이 분리되도록 노력할 필요가 있다.

6. 우리를 옭아매는 '생각 묶임'

한 남자가 오른손을 앞으로 쭉 뻗은 채 물이 반쯤 찬 종이컵을 들고 있다. 이 상태로 그는 얼마나 버틸 수 있을까? 처음 몇 분 동안은 아무렇지 않을 것이다. 물이 든 종이컵은 그에게 부담을 줄 정도의 무게는 아니니까. 하지만 그것도 잠시, 이내 종이컵의 무게감이 느껴지기 시작하고 얼마 안 가 팔이 아프다가 나중엔 팔이 떨어질 듯 극심한 통증이 찾아온다. 마침내 더는 버티지 못하고 그만 종이컵을 내려놓는다. 이렇게 되는 데 얼마만큼의 시간이 걸릴까? 이십 분? 아니면 삼십 분? 컵을 내려놓을 때까지 걸리는 시간은 사람에 따라 천차만별일 것이다. 그러나 한 가지 분명한 건 아무리 길어도 모두가 하루를 버티지 못하리라는 사실이다.

이런 생각을 좀 해봤다. 혹 우리가 껴안고 살아가는 걱정, 불안, 염려 따위의 생각들이 이 종이컵과 같은 존재는 아닐까? 별것 아니라고 여기지만 실은 우리를 옴짝달싹 못 하도록 찍어 눌러, 아무리 생산성을 내려 해도 불가능하게 만드는 그런 존재 말이다. 나는 이렇게 우리의 생산성을 추락시키는 걱정, 불안, 염려 따위의 부정적인 생각들을 통틀어 '생각 묶임'이라 표현하면 어떨까 한다.

　한 조사에 따르면 스트레스는 두뇌의 정보처리 능력을 30%밖에 발휘하지 못하도록 만든다고 한다. 실례로 가족 중에 아픈 사람이 있거나 아침에 부부싸움을 하고 출근하면 오전 내내 일이 손에 잘 잡히지 않는다. 이 정도까지는 아니더라도 일하는 사이에 문득문득 아침 일이 떠오를 수도 있다. 이상한 건 웬일인지 아무리 그 생각을 떨쳐내려 해도 뜻대로 되지 않는다는 점이다. 생각의 주인이 나라고 알았는데 그렇지 않은 모양이다. 이렇게 되면 우리의 생산성은 여지없이 추락하고 만다.

　'생각 묶임'은 일뿐만 아니라 인간관계에도 영향을 미친다. 직장인 대부분이 상사와의 관계로 골머리를 앓는다고 하니 그것을 예로 들어보겠다. 만일 당신에게 하루가 멀다고 잔소리를 해대는 상사와 지금 마주하고 있다고 상상해보자. 기분이 어떤가? 불편한 사람과 식사라도 할 때처럼 몸이 딱딱하게 굳어지면서 소화불량에 걸릴 듯한 기분이 들지도 모른다. 자신감이 급격히 떨어져버려 말 한마디 건넬 용기가 나지 않을 수도 있다. 이런 패턴이 매일 지속된다면 어떤 결과를 맞이하게 될까? 아마도 당신은 상사의 눈치만 요리조리 살피는 직원으로 전락할 것이다. 상사가 무심코 쳐다보아도 괜스레 째려보는 것처럼 느껴지고, 지나가는 소리로 한 말도 상처로 다가온다. 상사를 볼 때마다 혼자서 상상의 나래를 펼치며 추리소설을 쓰게 된다는 소리다.

생각 묶임에 관한 예를 더 들어보겠다. 아침에 상사가 느닷없이 당신을 부르더니 지금까지 담당했던 업무를 후배 사원에게 넘기고 오늘부터 다른 업무를 맡으라고 한다. 이때 당신은 어떤 반응을 보일 텐가? 상사가 어련히 알아서 결정했을까, 하고 단순하게 생각할까? 아니면 이렇게 생각할까?

'갑자기 왜 이제까지 맡아왔던 업무를 후배에게 넘기라고 하는 걸까? 혹 내가 못마땅한가? 아니면 어제 회식 자리에서 내가 무슨 실수라도 했나?'

이 생각이 들어오는 순간부터 당신은 업무가 손에 잡히지 않는다. 아니, 온종일 찝찝하고 우울한 생각의 소용돌이에 휩쓸려 쉽사리 빠져나오지 못한다. 그야 곰곰 따져 보면 일의 시작은 상사로부터였다. 상사가 좀 더 자상했더라면, 아니 이유만이라도 살짝 귀띔해줬다면 문제는 생기지 않았을 텐데. 하지만 상사의 입장에서 보면 후배 사원에게 일을 맡길 때 미주알고주알 설명하지 못하는 경우도 비일비재하다. 게다가 정신없이 바쁘다 보면 후배 사원을 사무적으로 대하기도 일쑤다. 후배 사원은 이런 사정을 알 턱이 없다. 그저 상사의 말 한마디 한마디에만 온통 신경을 곤두세울 뿐이다.

그리고 안타깝게도 결국 손해 보는 건 상사가 아니라 후배 사원이다. 생각 묶임에 빠진 후배 사원은 과거에 상사와 안 좋았던 기억 내지는 이와 비슷한 경험까지 새록새록 떠올리면서 자신에게 비판적인 회초리를 가하게 된다. 그러면 생산성이 또 추락하는 것이다. 글쎄, 당신의 경우는 어떤지 모르겠다. 상사가 어떤 말을 하더라도 쿨하게 넘겨버리는 사람이라면 아무 문제없겠지만, 대부분은 그렇지 못한 것 같다. 회식 자리에서 쉴 새 없이 상사를 향한 불만을 터뜨리는 걸 보면 그렇다.

나라고 뭐 별반 다르진 않다. 중간 관리자가 막 되었을 때였다. 성공해야 한다는 생각에 온통 사로잡혔던 터라 뭐든 완벽을 추구하고자 했다. 상사에겐 완벽한 일 처리 능력을 보여주려 노력했고, 후배 사원들에겐 빨리 출근하고 늦게 퇴근하는 모범 상사가 되려 했다. 한데 이런 생활은 슬슬 나를 옭아매기 시작하더니 끝내는 스트레스가 되어 돌아오기 시작했다. 일을 완벽하게 처리하려는 마음에 후배 사원을 못 미더워해 웬만한 일 처리를 혼자 해치우다 보니 매일이 피곤했다. 뭐든 대충대충 넘어가지 못하는 탓에 으레 일도 늦어지곤 했다. 그렇다고 해서 상사에게 일 처리 능력을 보여준 것도 아니었다. 스스로 완벽하게 일 처리를 했다고 자신해도 상사는 늘 내게 방향이 잘못됐다며 다시 처리하라고 했다. 후배 사원들은 또 어떤가. 출퇴근하는 시간까지도 그들은 내 눈치를 보기 일쑤였다. 그러니 상사 앞에선 늘 주눅이 들어야 했고, 후배들 앞에선 모범이 되지 못한다는 생각에 자괴감마저 들었다. 나 자신의 성장보다는 상사나 후배의 눈치를 보거나 지나간 일에 매여 허우적대기 바빴던 것이다.

과거에서 미래로의 전환

그렇다면 백해무익한 생각 묶임에서 벗어나는 방법은 없을까? 답은 의외로 간단하다. 오른손에 든 종이컵을 내려놓으면 된다. 물 잔을 버리라는 의미가 아니다. 자기 생각이 생산성과 창의성을 높이는 데 필요한 것인지 아닌지 찬찬히 생각해 보라는 얘기다. 만약 생산성에 전혀 도움이 안 된다고 결론이 나면 쓸데없는 생각들을 집에 두고 오든지 아니면 되도록 생각의 비중을 줄여야 한다. 사실 그렇다. 우리가 떠안고 있는 부정적인 생각들 대부분은 제삼자의 입장에서 보면 대수롭지 않은 일일 수 있다. 중요하지 않다는 의미가 아니라 우리가 자신의 문제만큼은 전혀 객관적으로 바라보지 못할 수도 있다는 말이다.

앞서 들었던 예로 돌아가 보자. 만일 상사가 그동안 담당했던 업무를 후배 사원에게 넘기라고 했을 때 상사의 의중이 궁금하다면 혼자 소설을 쓰기보다는 상사에게 직접 물어보면 된다. 그러면 결과가 좋든 나쁘든 문제 자체는 해결된다. 아니면 업무 시간만은 현재의 것들을 생각하기로 작정하는 건 어떨까? 예컨대 어떻게 하면 보고서 수준을 높일 수 있는지, 변경된 프로젝트는 어떤 것인지와 같은 당면과제로 생각을 옮겨보는 것이다. 우울한 느낌과 관련한 생각들이 구름이 흩어지듯 서서히 소멸하는 걸 경험하게 될 것이다.

내가 제일 권하고 싶은 건 이 방법이다. 일을 공연하듯이 하면 어떨까? 일터는 무대고 당신은 무대에서 날마다 공연을 한다고 생각하는 것이다. 그러면 상사를 의식하기보다는, 또 남들이 뭐라 하건 무대 위에 있는 나 자신만 생각하면 된다. 또 관객의 입장에서 객관적으로 나 자신을 바라볼 수도 있다. 사실 무대에 선 사람은 관객들이 쳐다보는지 어떤지 신경 쓸 겨를이 없다. 얼마나 공연을 잘하는지에만 초점이 맞춰져 있으니 말이다. 공연이 끝났을 때에야 비로소 스스로 평가할 여유가 생긴다. 내가 얼마나 공연을 잘했는지, 실수나 부족한 점은 없었는지 등등.

그렇다. 예컨대 회의, 주간보고 자체를 무대 공연이라 생각하면 남들 눈치를 볼 필요가 전혀 없다. 일단 공연에만 집중해 보자. 혹 결과가 안 좋다 하더라도 최선을 다했으면 그만이고, 앞으로의 개선점을 찾으면 오케이다.

1. 일할 때와 쉴 때는 좀 구분합시다

주위에 열심히 일하는 동료들을 보면 두 가지 패턴이 있다. 물론 열심히 일하는 사람 모두를 단 두 부류로 정형화할 수는 없다. 더구나 그들의 사정을 속속들이 알 수 없는 상태에서 무 자르듯 패턴으로 나눈다는 건 좀 과한 면이 있다. 그럼에도 이해를 돕기 위해 동료들을 수십 년간 지켜본 결과를 토대로 구분해 봤다. 너그럽게 이해해 주길 바란다.

첫 번째 타입은 임원으로 승진하기 위해 주위를 돌아보지 않는 사람들이다. 이들은 쉬지 않고 오직 일만 하는 스타일이기 때문에 주말이 따로 없다. 이 스타일의 한 동료가 말했다.

"오랜만에 하루 쉬었는데 말이야. 집에

서 마누라랑 단둘이 있으려니까 할 말이 없어 괜히 어색하더라고. 집사람도 나 때문에 집에 붙어 있어야 하니 불편해 보이고. 게다가 딱히 할 일도 없으니 원. 차라리 집에서 쉬느니 회사에 나와 일하는 게 더 편해."

승진이라는 목표에 푹 빠져 지내는 그에게 집은 단지 잠만 자는 장소로 전락한 것이다. 거기다 부인과 아이들도 이제 각자 자기들만의 커뮤니티를 이룬 상태라 그가 끼어들 자리는 사라져버렸다. 아무튼, 그는 회사에서 능력을 인정받아 임원 승진을 코앞에 두고 있다.

두 번째 타입은 가정 경제를 위해 고군분투하는 사람들이다. 이들도 주말에 절대 쉬지 않는다. 왜냐고? 하루라도 더 회사에 나와 돈을 벌어야 하기 때문이다. 이유는 대부분 아이들 학비와 과도한 주택담보대출 등이지만 그 외에도 두루두루 경제적인 사정이 엮여 있을 터다. 그들에게 주말은 평일보다 업무 수당이 더 붙으니까 더더욱 좋은 기회가 된다. 이들은 보통 평일에 설렁설렁 일하고 필요 없는 일을 만들어서 하는 편이다. 주말에 할 일을 어느 정도는 남겨둬야 하니 그렇다. 그리고 언제나 일이 되도록 일을 하는 것이 아니라 일을 하고 있다고 보이는 것에 초점이 맞추어져 있다.

한 후배 사원이 이런 스타일이었는데, 아무리 일을 서두르라고 해도 '쇠귀에 경 읽기'였다. 처음엔 원래 스타일 자체가 몹시

굼뜬 친구인 줄 알았다. 나중에 알고 보니 그게 아니었다. 주말에 처리할 일을 남겨 놓으려 일부러 미룬 거였다.

대다수 직장인은 이도 저도 아니다. 그중엔 목표도 의욕도 없는 사람이 수두룩하다. 그런 면에서 보자면 이유야 어떻든 간에 열심히 일하는 편이 낫다고 해야 할까. 되돌아보면 나는 첫 번째 스타일이었던 것 같다. 집보다는 회사에 나와 일하는 게 마음 편했고, 상사의 눈치를 보느라 마음대로 휴가도 가지 못했다. 회사가 그리하라고 강요한 건 아니어도 왠지 그래야만 충성스러운 직장인이고 프로이지 싶었다. 그래서 회사가 어떻게 돌아가는지 알려고 끊임없이 메일을 읽고 돌아다니는 정보를 포착하려고 안테나를 높이 세웠다. 그러니 늘 피곤함에 절어 있었고 스트레스 때문인지 두피가 몹시 가렵고 온몸에 열꽃이 피어올라 견딜 수가 없을 정도였다. 그러면서 '직장인이 뭐 다 그렇지' 하며 스스로를 애써 다독이곤 했다. 요사이 아내한테 들은 얘긴데, 아내는 내 건강이 하도 걱정된 나머지 저 사람 언제 죽을지 모르니 보험이라도 잔뜩 들어놓아야겠다고 생각한 적도 있단다. 정말로 웃지 못할 얘기다.

한 날은 문득 이런 생각이 들었다.

'삼성이라는 껍데기를 벗어던지고 나면 과연 나한테 남는 건 뭘까?'

곰곰 생각하니 나란 사람은 그동안 오직 삼성이라는 타이틀에만 의지해 살아온 듯했다. 자신의 성장은 뒤로한 채 승진, 충성에만 몰두했으니 무척 게으른 사람이라는 생각도 들었다. 그러니까 온몸이 시름시름 시들어가는 줄도 모르고 쓸데없는 데에만 에너지를 몽땅 쏟아 부은 현명치 못한 사람이란 소리다. 한마디로 자기 경영에 실패한 거였다. 변화가 필요했다.

자기 경영의 시대다

예전에, 그러니까 지금으로부터 20년 전, 그때는 지금처럼 경쟁이 심하지 않았던 터라 회사에서 직원들을 살뜰히 챙겼다. 어학 공부를 하도록 학원비도 대주었고, 책을 읽도록 도서비도 지원해주었다. 물론 지금은 달라졌다. 회사에 남아도는 게 인력이고 밖에서도 취업 대기자들이 줄을 잇고 있는 형국이다. 이제는 누구도 자신을 보호해주지 않는 상황이 돼버렸다. 철저한 자기 경영의 시대가 도래했다고 봐야 한다.

이제는 자신만의 가치와 자신만의 브랜드를 구축할 필요가 있다. 치열한 경쟁시대를 살아가는 기준이 상사의 평가가 되기보다는, 인생에 대한 자신만의 가치관과 일에 대한 사명을 가져야 한다는 얘기다. 상사의 눈치만 보며 시키는 대로, 또 시키는 일만해서는 안 된다. 주체성과 자율성을 가지고 일을 찾아서 해야 한다. 그래야 어떤 상황에서도 절대 흔들리지 않는다. 이따금 잘나

가던 동료들이 상사를 한 번 잘못 만나는 바람에 쉽사리 무너지는 모습을 보곤 한다. 이렇게 말하면 좀 미안한 소리이지만, 어찌 보면 그들은 자신의 주관보다는 회사나 상사에게 지나치게 의존하며 일해 왔는지도 모른다. 한마디로 예스맨이었던 건 아닐까?

지금은 시대가 하루가 다르게 변하고 있다. 삼성만 해도 올해 수평적 조직 문화를 강력하게 구축하기 위한 노력을 시작했다. 한 예로, 회사 내에서 직급을 아예 무시하고 서로서로를 '님'이라 호칭하고, 이름 대신에 닉네임을 쓰기로 결정했다. 별안간 닉네임을 쓴다고 하니 살짝 고민스럽기까지 하다. 일본 주재원 시절엔 '찰리'라는 닉네임을 사용했었고, 동료들이나 고객은 나를 그냥 '차리'라고 불렀다. 일본말은 받침이 없어 그리 부를 수밖에 없었는데, 자꾸 듣다 보니 그것도 꽤 괜찮은 닉네임이라는 느낌이 들었다. 이참에 찰리나 차리를 사용해보면 어떨까 싶다. 뭐 그건 그렇고, 이렇게 변화의 물결은 거세게 몰려오고 있다.

수평적 조직 문화가 대세인 시대에는 회사나 상사를 의식하기보다는, 다음과 같은 관점으로 자신을 먼저 의식해볼 필요가 있다.

첫째, 나를 향한 시장의 평가를 의식하자.

쉽게 말해 자신을 상품화해야 한다는 뜻이다. 나를 상품화한다니 다소 어색하겠지만 그래도 일단 자신을 상품이라고 생각해 보면 좋겠다. 그러면 자연스레 눈길을 확 끌 수 있도록 어떻게 상품화할지 고심하게 된다. 결국은 실력을 키워야 한다는 결론에 도달하게 될 텐데, 이 실력이란 것이, 대체로 고속 승진을 위한 자질 정도로 생각하기 쉽다. 하지만 실력을 승진을 위한 도구로 국한해서는 곤란하다. 알다시피 실력을 키우면 승진은 저절로 따라오는 결과가 아닌가. 그보다는 회사에 기여할 수 있는 실력인지 아닌지에 초점을 맞추어 보기 바란다. 여차하면 다른 회사로도 옮길 수 있다는 자신감이 생기면서 누구의 눈치도 보지 않게 된다.

둘째, 자신을 더욱 차별화하자.

무엇보다 다른 사람과 비교해서는 발전이 없다. 물론 일의 성과에 따라 평가가 달라지는 탓에 서로 경쟁할 수밖에 없는 조직 구조인 건 분명하다. 그럼에도 나만이 가진 특기를 십분 활용하는 방향으로 선회해야 할 이유가 있다. 예컨대 요사이 나는 함께 일하는 후배 사원들의 특기를 잘 살려 애칭을 하나씩 붙여주었다. 한 후배는 기막히게 엑셀을 잘한다. 그래서 그를 '엑신'이라 부른다. 또 한 후배는 심리학을 전공해서 그런지 사람들의 마음을 세심히 살피는 특기가 있다. 그래서 난 또 그를 '심리학 박사'라 부른다. 다른 후배는 동료들 사이에서 일어나는 문제를 잘 조율하는 특기가 있다. 그는 '피스메이커'라 불린다. 이렇게 최고의 특기를 살펴 의도적으로라도 자주 불러주면 동료들의 자존감이 높아지고 결국은 부서 일이 거침없이 돌아가게 된다.

  셋째, 주기적으로 자신을 점검하자.

  회사 밥을 오래 먹어본 결과 직장생활은 단거리 경주가 아니라 마라톤이라는 생각이 든다. 당신의 생각은 어떠한가? 고개가 끄덕여진다면 더더욱 초반부터 속력을 낼 필요가 전혀 없다. 알다시피 마라톤은 초반부터 있는 힘껏 달리면 금방 에너지를 소진해버려 결승점에 도달하지도 못하고 녹다운되고 만다. 그래서 마라토너는 에너지를 비축하고 스피드를 조절하면서 여유 있게 달린다. 이와 마찬가지로 우리도 휴식과 재충전에 대한 노력을 게을리 하지 말자.

  나 같은 경우엔 하루에 꼬박꼬박 여덟 시간 수면을 취하려고 노력하는 편이다. 이 얘기를 동료들한테 하면 눈을 동그랗게 뜨곤 한다. 어떻게 직장인이 여덟 시간을 잘 수 있냐는 것이다. 하지만 난 그렇게 수면을 취하지 않으면 곧 쓰러지고 만다. 얼마 전에 피로와 스트레스가 쌓여 녹다운되어 봤기에 누구보다 자신을 잘 알고 있다. 그런 이유로 수면 시간은 내게 무척 중요하다. 이 대목에서 이런 의문이 생길 수도 있겠다. 그럼 회사생활은 어떻게 할까? 내 대답은 간단하다.

  "회사에서 일을 되도록 빨리 끝내려고 노력합니다."

  그렇다고 해서 일을 대충대충 하는 건 절대 아니다. 어떻게든 정해진 시간 내에 일을 끝내기 위해 온 신경을 집중할 뿐이다. 한데 놀라운 건 오히려 전보다 일의 효율이 높아지고 직장생활이 훨씬 활기차졌다는 사실이다. 때론 얼마나 일에 집중했는지 무심코 눈을 들어 시계를 쳐다보면 벌써 퇴근 시간일 정도로 하루가 후딱 지나가기도 한다.

결론을 말하면, 자기만이 스스로를 성장시켜 나갈 수 있다. 솔직히 그렇다. 무뎌질 대로 무뎌지고 녹이 잔뜩 슬었다면 과연 회사가 나를 좋아하겠는가? 항상 갈고 닦아 날카로운 도구로 있어야 한다. 날카로운 도구라는 게 단지 머리가 팽팽 돌아가고 일만 잘하는 걸 의미하지는 않는다. 나는 당신이 아무쪼록 직장에서 롱런하기를 바란다. 당신도 그러길 바란다면 우선 체계적인 전략과 전술을 세워 차근차근 자신을 경영해 보라. 그럴 때 비로소 생존 경쟁력이 유지된다.

2. 칼퇴근도 능력이다

"칼퇴근도 능력입니다."

예전에 한 후배가 했던 말이다. 이 친구가 어떤 사람이냐 하면, 왜, 가뭄에 콩 나듯 회사마다 그런 사원이 있지 않나? 독서량 많고, 자투리 시간마저 여기저기서 유용한 정보와 자료를 다양하게 수집하는 데다, 거기서 멈추지 않고 주변의 맛집, 볼거리 정보까지도 빠삭한 사람 말이다. 이 친구가 바로 그런 사람이었다. 그는 유료정보 사이트에도 아낌없이 돈을 투자해 고급 정보를 얻곤 했는데, 비단 정보나 지식뿐만이 아니라 여러 분야의 사람도 수시로 만나는 듯했다.

말이 나온 김에 칭찬을 좀 더 하자면, 솔직히 이 친구가 맡은 전략 보고서는 왠지 느낌이 달랐다. 스토리 구성부터가 매우 독창적이었고, 무엇보다도 보고서에 문제의 핵심을 찌르는 날카로운 메시지가 담겨 있었다. 게다가 일은 또 어찌나 빠르게 처리하는지….

일 처리 속도를 보면 남들이 일할 때 다른 것을 생각하고 양질의 정보를 수집해 연구하고 개발할 여유 시간이 나올 법도 했다. 이쯤 되니 그를 향해 엄지를 치켜세우는 건 당연한 이치였다.

그건 그렇고 진짜 하려는 말은 이제부터다. 후배는 언제나 '칼퇴근도 능력'이라고 주장했고 또 이를 몸소 실천했다. 무릇 칼퇴근이라 하면 근로 계약에 따라 정한 시간에 퇴근하는 정시퇴근을 생각할 것이다. 그러나 후배가 말하는 칼퇴근은 보편적으로 통용되는 칼퇴근과는 사뭇 의미가 달랐다. 자신이 해야 할 일을 깔끔히 마무리하고 나서 칼같이 퇴근하는 걸 의미했다. 하루는 '퇴근 시간이 됐으니 어서 가라'고 했더니 그 친구 하는 말이 예술이다.

"일을 마무리 짓지 않고 어떻게 퇴근합니까?"

하여간…….

사실 나는 주재원 임기를 마치고 한국에 돌아왔을 당시 새로운 부서 일에 익숙지 않아 잠시 그에게서 일을 배운 적이 있다. 처음엔 후배한테 일을 배워야 하니 자존심이 몹시 상했다. 하지만 곧 마음을 바꿔 후배한테서도 배울 것이 있으면 배워야겠다고 결심했다. 덕분에 좌충우돌도 했지만, 짧은 시간 내에 새로운 조직에 그럭저럭 적응할 수 있었다.

하루는 후배가 칼퇴근하며 말했다.

"칼퇴근은 엄청난 능력입니다. 하루하루 일에 끌려 다니지 않고 선제적으로 처리하는 기술이라 할 수 있죠. 이리저리 회의에 불려 다니고, 상사의 긴급한 지시사항을 처리하다 보면 파김치가 되기 일쑤입니다. 그럴 때는 온종일 무슨 생각을 했는지 하나도 기억이 안 난다니까요. 이건 일을 열심히 하는 게 아니라 마냥 일에 끌려 다니는 겁니다.”

맞는 말이다. 주도적으로 일처리를 하지 못하면 오히려 일에 끌려 다니기 십상이다. 그런 면에서 보면 그의 말처럼 칼퇴근은 주도적으로 일을 해나가는 기술이라고도 할 수 있다. 그래서인지 그는 아침에 출근하면 책상에 앉아 한 30분 정도는 그날 처리해야 할 일을 계획하고 분석하는 일부터 시작했다. 어떻게 하면 일을 빨리 효율적으로 끝낼 것인지 치밀하게 전략을 세우는 것이었다. 그 모습을 보면 꼭 하루하루 흥미진진한 게임을 하는 듯 보였다. 승리하면 칼퇴근이 상으로 주어지는 그런 게임 말이다.

모험으로 사는 인생

스위스의 심리학자 폴 투르니에는 그의 책『모험으로 사는 인생』에서 인간의 삶은 모험이라고 주장한다. 인간은 어떤 위험과 곤란을 감수하더라도 새로운 의미와 목적을 찾기 위해 끊임없이 모험에 뛰어드는 존재라는 것이다. 그것이 인간 특유의 본능이라는 소린데. 한데 흥미로운 건 처음에 모험을 시작했을 때 인간을 꼼짝 못하도록 사로잡았던 갑작스러운 상승세가 어쩐 일인지 이내 하강 곡선으로 치닫는다는 사실이다. 모험이 일상화되는 순간 소멸했기 때문이라는데, 이제 짜릿함을 느꼈던 경험자는 그 흥분을 유지하려 애쓰지만 더 이상 전과 같은 대담함이나 기쁨을 느끼지 못하게 된다. 모험이 물거품처럼 사라진 것이다.

결국, 끊임없이 모험해야 직성이 풀리는 운명을 타고난 것이 인간이란 소리다. 만일 그렇다면 이 논리를 직장생활에 적용해 보면 어떨까?

열심히 일하다 느닷없이 극도의 매너리즘에 빠지는 순간이 찾아오는 경우가 더러 있다. 더구나 특별한 이유도 없이 그냥 일이 지겹고 벗어나고만 싶다. 이런 기분이 극도로 치달으면 마침내 견디지 못하고 퇴사를 결심하는 사람도 있다. 물론 매너리즘의 원인을 분석해보면 분명 근본적인 이유가 있을 터이다. 그렇지만 대개는 뚜렷한 이유를 모르고 단지 일이 지겨워진 것이라고만 치부해 버린다. 이러한 증상을 이해하기 쉽게 촛불을 예로 들어 설명해 보겠다.

사방이 꽉 막힌 공간에서 활활 타오르는 촛불을 상상해 보자. 촛불은 당장은 괜찮은 듯 보이지만 산소가 떨어지는 순간이 찾아오면 삽시간에 꺼져버릴 것이다. 내 생각에 직장생활 가운데 매너리즘이 찾아오는 이유도 이와 비슷하다. 겉보기엔 목표를 향해 달려가고 성과도 있기에 별다른 문제가 없다고 생각할 수 있지만 실은 그 안에 모험심이나 성취감 내지는 보람 따윈 눈을 씻고 찾아봐도 없는 상태. 만일 그러하다면 제아무리 회사 차원에서 스마트워크를 도입해 일찍 퇴근하게 해준다 한들 그것이 동기부여가 되어 삶이 신명날 리는 만무하다. 그럼 이 경우 어떠한 해결책이 필요할까?

다시 촛불 얘기로 돌아가 보자. 막힌 공간에서 끊임없이 촛불이 타오르도록 하려면 어떻게 해야 할까? 답은 간단하다. 숨구멍을 터주면 된다. 그러면 촛불은 심지가 다할 때까지 계속해서 타오를 테니까. 나는 여기에서 해답을 찾으려 한다. 그 숨구멍이 바로 꿈에 도전하는 삶이라고 보는 것이다.

번아웃을 경험한 후, 작년에 나는 예전부터 하고 싶었던 저글링에 도전했다. 때마침 서울에서 국제 저글링 대회가 있어 분위기가 어떤지 보려고 참여했다. 행사장에는 저글링을 연습하는 일본인이 여럿 눈에 띄었다. 그들의 저글링 실력은 완전히 프로급이었다. 나는 그들 모두가 프로 저글러라고 생각하고는 그들에게 다가갔다. 솔직히 몇 년 동안 일본어를 써먹을 기회가 없어 입이 근질근질했던 터라 겸사겸사 잘됐다는 생각도 들었다.

얘기를 한참 나누다 보니 그들은 프로 저글러가 아니라 모두 나처럼 직장인이었다. 직업도 가지가지였다. 회사원에서부터 번역가, 엔지니어, 의사까지. 그들은 10년 이상 저글링을 했으며 가끔 공연도 펼친다고 했다. 그 순간 궁금증이 일었다. '저 정도 수준급 실력을 갖추려면 피나는 연습을 해야 할 텐데 도대체 일은 언제 하는 건지….'

그들은 내 생각을 읽기라도 한 듯 입을 모아 말했다.

"우린 저글링 때문에 일을 더 열심히 해요. 취미 덕분에 일과 삶 둘 다 만족하는 셈이죠."

그날 난 정말로 간만에 즐거운 시간을 보냈고 집에 돌아오는 길에 한 가지 다짐도 했다.

'일과 삶에서 모두 만족하며 살아가자!'

요즘 난 아마추어 실력이지만 가끔 저글링과 복화술 공연을 한다. 지인들의 출판기념회나 각종 전시회에서 짧게나마 오프닝 공연을 하는데, 지켜본 사람들은 너도나도 이런 질문을 한다.

"도대체 직장에 다니면서, 그것도 대기업에 다니면서 어떻게 그런 삶을 살 수 있는 거죠?"

그럼 난 또 듀얼 해피니스의 삶, 그러니까 일과 삶이 모두 행복해지는 비결에 대해 얘기해 준다. 어떤 이들은 내 얘기를 듣고 나서 무릎을 치며 직장을 그만두기 전에 나를 만났더라면 좋았을 거라고 한탄한다. 또 매너리즘에 빠져 직장을 그만두려던 사람이 내 얘기를 듣고는 마음을 돌리기도 한다.

수평적 조직 문화에서는 일과 삶에서 모험하듯 살아가는 이들이 조직에 없어서는 안 될 존재로 인정받을 것이라 믿는다. 사실 그렇다. 칼퇴근하려고 일을 좀 더 스마트하게 처리하는 사람이 늘어나는 것이야말로 회사가 바라는 이상적인 모습이 아니고 무엇이겠는가. 그러기에 나는 직장의 테두리를 벗어나 꿈에 도전하고 싶은 마음은 추호도 없다. 꿈도 꿈이지만 일에서 얻는 즐거움도 버릴 수 없기 때문이다. 물론 경제적인 안정감도 그렇고.

꿈을 찾고 모험하는 삶을 살고자 하는 직장인들에게 칼퇴근은 언젠가는 반드시 넘어야 할 산이라 하겠다. 시간이 있어야 꿈도 꿀 것이니 말이다. 그러나 현실은 매섭기 그지없다. 수직적 조직 문화 탓에 대다수 직장인이 칼퇴근은 꿈도 못 꾼다. 그렇다고 해서 언제까지 상사가 바뀌기만을 기다릴 텐가. 쇠뿔도 단김에 빼라는 속담이 있지 않나. 이참에 일과 삶의 균형을 위해 칼퇴근에 한번 도전해보면 어떨까?

3. 일중독이 당신을 무능하게 만든다

일중독의 사전적 의미는 계속해서 일하고, 일하지 않으면 오히려 불안하게 여기는 상태다. 도대체 사람들은 왜 일만 하는 것일까? 그리고 왜 일을 하지 않으면 불안한 걸까? 나는 그 해답을 알고자 인터넷을 한참이나 검색해 보았다. 그러던 중 코미디언 김미화 씨의 사연이 눈에 들어왔다.

김미화 씨는 1990년대를 풍미했던 유명 개그우먼이다. 그녀는 당시 쓰리랑 부부라는 개그 코너를 통해 유명해졌는데, 검은 테이프로 일자 눈썹을 붙이고 나와 "음매 기죽어."라는 유행어를 탄생시켰다. 한때 전국의 남녀노소가 너나 할 것 없이 그 유행어를 신명 나게 읊조리던 기억이 난다. 이런 유명세에 힘입어 그녀는 다양한 분야로 발을 넓혀갔다. 자신의 이름을 내건 TV 토크쇼 진행자, 라디오 시사 프로그램 MC, 각종 사회단체의 홍보대사 등등. 좌우지간 그녀는 새로운 타이틀에 계속해서 도전해왔고 지금도 그러한 것 같다. 나는 몹시 궁금했다. 과연 일을 많이 하기로 둘째가라면 서러울 그녀에게 있어 일이란 무엇일까? 그녀는 한 TV 프로그램에 나와 말했다.

"말할 수 없는 슬픔과 고통 가운데 있을 때, 그것을 잊을 수 있게, 그래서 재기할 수 있게 해 준 것이 바로 일입니다."

그리고 이렇게 덧붙였다.

"하지만 냉혹한 방송계 현실과 단독 MC라는 책임감, 시사 전문 MC라는 이미지에 대한 부담감 때문에 차츰 일 자체에 매몰되어 갔습니다."

그녀 말이 내게는 '처음엔 고통을 잊으려고 일에 몸을 맡긴 것이 차차 경쟁심리와 책임감이라는 올무가 되어 되돌아왔다'는 얘기로 들렸다.

실상 많은 직장인이 일중독에 빠져 있다고 해도 지나치지 않다. 그들은 무엇보다 쉬는 것에 익숙지 못하다. 집에서 빈둥거리느니 차라리 회사에 나와 일하는 게 편하다고 말하기도 한다. 그런데 참 흥미로운 것이, 일중독자로 보이는 사람들에게 혹시 일중독에 빠진 것이 아니냐고 물어보면 즉시 그렇지 않다고 대답한다는 점이다. 하긴 그랬다. 과거를 돌아보면 일중독에 빠져 있던 나도 나 자신이 일중독자라고 여겨본 적은 없었으니까.

내가 일중독이라고?

일중독에 빠져 있는 동료들의 행동을 보면 얼추 비슷한 특징이 보인다. 물론 특정한 행동 몇 가지를 가지고 모두를 일 중독자로 몰아붙이고 싶지는 않다. 그럼에도 과거에 나 자신이 일 중독자였던 터라, 나에게 있던 특징과 자료를 참조해 일중독의 세 가지 특징과 사례를 적어본다.

첫째, 일에 대한 조절 능력이 없다.

일 중독자의 전형적인 특징 중 하나다. 이런 사람들은 회사에서 일하는 것을 즐기고 일에서 벗어나면 마음이 편치 않다. 이들은 남들보다 조금이라도 뒤처지지 않으려고 회사뿐 아니라 집에서도 필사적으로 일한다. 목표는 분명하다. 바로 고속승진. 이들은 그럴싸한 여름휴가 한 번 가본 적이 없다. 휴가마저도 스트레스로 다가오기 때문이다. 물론 단순히 일을 즐기는 사람들도 많다. 하지만 즐거워서 하든 목표가 있어서 하든, 쉬지 않고 일만 한다면 결과적으로 모두 일중독이다. 그럼 진짜로 일을 좋아하는 사람들도 전부 일중독이란 말인가? 그래서 전문가들은 단순히 일을 좋아하는 사람과 일 중독자를 구분하기 위해 하나의 잣대를 제시한다. 그것이 바로 일에 대한 조절능력이다. 일 중독자는 언제 일을 끝마쳐야 하는지 도무지 알지 못한다고 한다. 그러니까 세월아 네월아 일만 한다는 소리다.

실제로 내가 알던 한 후배가 이랬다. 후배는 얼핏 보면 승진보다는 일 자체를 즐기는 듯했고, 뭔가 배우는 걸 무진장 좋아했다. 하지만 어디서 일을 끊어야 할지 도무지 몰랐다. 그러니 야간에도 회사에 남아 있고 주말에도 나올 수밖에. 아마 이 친구는 집에 돌아가서도 일할 것이다. 그건 그렇고 문제는 그가 일을 즐기는 것까지는 좋은데 어쩐 일인지 성과를 내지 못한다는 사실이다. 알고 보니 후배는 성과를 목적으로 일하는 게 아니라 부서가 돌아가는 모든 정보나 진행 상황, 뭐 그런 것들에만 관심이 있었다. 정말로 회사에 일하러 왔는지 아니면 뭔가 배우러 왔는지 헷갈릴 정도였다. 사람들은 일 중독자가 자기 업무에서 성과를 많이 내는 사람이라고 생각하는 경향이 없지 않아 있다. 그렇지 않다. 그 후배를 포함해 다수의 동료를 보아도 일중독과 성과 사이에는 아무런 관계가 성립하지 않는다.

둘째, 일에 빠지는 이유는 혹시 두려움 때문?

일중독의 원인 중 하나다. 일중독에 빠진 사람들은 겉으로 보기엔 프로처럼 일하는 것으로 보이지만 실상은 노예처럼 일한다고 할 수 있다. 내 경우를 봐도 그랬다. 예전에 난 늘 뭔가에 쫓기는 사람처럼 살았다. 잠자리에 들기 전까지 일했고, 잠자리에 들어서도 숙면하지 못하고 잠을 설치기 일쑤였다. 사소한 일에 신경을 곤두세우는 버릇도 있었다. 심각한 것은 내가 없으면 부서가 돌아가지 않을지도 모른다는 착각 속에서 살았다는 점이다. 그러니 웬만해서는 자리를 비우지 않았다. 승진을 목표로 삼아 번질나게 상사의 눈에 띄려고도 애썼다.

한편 일부 일 중독자들은 자신이 자리를 비우면 책상이 어디론가 사라진다는 착각에 빠져 휴가를 아예 못 간다고 한다. 심리학자들은 일 중독자들의 겉으로 보이는 성공에 대한 욕구나 인정받고 싶은 욕구 저변에는 '두려움'이 깔려 있다고 말한다. 일 중독자들의 강한 성취욕은 역으로 보면 남들로부터 비난받거나 버림받을지 모른다는 두려움 때문이라는 것이다. 게다가 이런 두려움은 자기뿐 아니라 가까운 사람들에게도 상처를 준다고 하는데, 되돌아보면 내 안에도 평가를 제대로 받지 못하면 어쩌나, 그러면 승진하기 어려울 텐데 하는 두려움이 항상 내재해 있었던 것 같다.

셋째, 생각할 일이 많아서 생각하지 못한다.

일중독의 결과다. 스칸디나비아반도 북부 툰드라 지역에 서식하는 레밍이라는 쥐들에게는 이상한 습성이 하나 있다고 한다. 수가 불어나면 일직선으로 이동하기 시작하고, 그러다가 벼랑에서 호수나 바다로 떨어져 죽는다고 한다. 이를 '레밍 효과'라고 하는데, 남을 따라 목숨까지 내버리는 행동을 빗댄 표현이다. 어찌 보면 무리를 따라 이유도 목적도 모른 채 달리다, 결국 직장에서 해고당하거나 좌천되고 마는 우리네 직장인의 현실을 반영하는지도 모르겠다.

직장인 가운데 많은 사람들이 열심히 일했던 선배들의 방식을 고스란히 따라 하는 습성이 있다. 문제는 그러다 보면 좀 더 넓고 깊게 보지 못하게 되고 만다는 점이다. 멀찌감치 떨어져 나를 조망해보고 혹 멈추어 있거나 가는 방향이 잘못됐으면 바로바로 수정해야 하는 데도 말이다. 머릿속에 남들에게 뒤처지지 말아야 한다는 생각이 꽉 차 있어 수정할 기회조차 마련할 여유가 없다고 봐야 한다. 그렇다고 해서 이 사람들이 승진에 목숨을 거는 것도 아니다. 사실 승진에 목숨 건 사람들은 맨 앞에서 어느 방향으로 가야 할지 가늠해보기도 하고 가다가 뒤를 돌아보기도 하니까. 그러니 레밍처럼 오로지 일직선으로만 달리는 사람들은 헛물만 켜다 끝나기 십상이다.

일을 하다가도 잠시 멈춰 서서 내가 왜 이 일을 해야 하는지, 더 할 수 있는 일은 무엇인지, 무엇을 하지 않았는지 따위를 생각해보기 바란다. 그리고 올바른 방향으로 가고 있는지 때때로 점검했으면 좋겠다.

걸어가는 사람에게만 보이는 것들

한 지인은 10년 동안 눈코 뜰 새 없이 바쁜 직장생활 탓에 세 자녀의 깨어 있는 얼굴을 별로 본 적이 없다고 한다. 매일 늦은 밤이 되어서야 퇴근하다 보니 집에 가면 아이들은 새근새근 잠들어 있기 때문이다. 그는 늘 그것이 마음에 걸렸지만 그럴수록 마음을 다잡고 열심히 일했다. 지금 다니는 직장에서 나와 봤자 어디 한군데 갈 데가 없을 게 불을 보듯 뻔했으니까. 그는 실업자인 아빠가 되는 것보다는 차라리 얼굴을 못 보는 게 더 낫다고 생각했단다. 그러던 어느 날이었다. 모처럼 일찌감치 집에 들어가 아이들을 본 순간 그는 충격을 받고 말았다. 아이들이 마치 낯선 손님이라도 불쑥 찾아온 양 멀뚱멀뚱 그를 쳐다볼 뿐 전혀 살갑게 굴지 않는 거였다. 그날 그는 밤새 잠을 이루지 못했고, 결국 아이들을 위해서 1년 육아 휴직을 신청하기로 마음먹었다. 지금 그는 육아 휴직 중이며, 책 읽어주는 아빠로 행복한 시간을 보내고 있다.

앞만 보고 달려가는 사람은 주위를 돌아볼 여유가 없다. 오로지 빨리 달려야 한다는 생각에 사로잡혀 있기 때문이다. 반면에 걸어가는 사람에게는 뛰는 사람에게 보이지 않는 것들이 보인다. 길에 핀 싱그러운 들꽃과 하늘에 유유히 떠가는 구름, 계절이 바뀔 때마다 변하는 바람의 향기, 스쳐 가는 사람들의 저마다 다른 표정 하나하나까지.

누구나 인생을 살아가면서 소중하다고 여기는 것들이 있다. 나를 닮은 아이가 커가는 모습, 배우자의 해맑은 웃음, 부모님의 주름진 얼굴, 친구들과의 한바탕 수다……. 그리고 이런 것들이 우리에게 살아가야 할 의미를 부여해 주기도 한다. 그러나 많은 시간을 우리는 빨리 달려야 한다는 목표에 온통 정신을 빼앗겨 정작 내게 가장 소중한 것들을 돌아보지 못하고 마음 한구석에 꼭꼭 묻어두고 살아가는 건 아닌지……. 걷든 달리든 어차피 한 길로 가게 돼 있다는 사실도 모른 채 말이다.

4. 성공보다 행복을 꿈꾸는 삶

결혼 20주년을 맞이해 가족과 함께 오키나와로 여행을 다녀왔다. 그다지 여행을 좋아하는 편이 아니지만, 가족과 행복한 한때를 보내고 싶었고, 일본에 살았던 과거 추억을 밟아보는 것도 좋을 듯했다. 우리는 여행을 떠나기 전의 행복한 감정을 우선시하기로 하고 여정에 대해서는 아무런 계획도 하지 않았다. 예전의 나라면 절대 있을 수 없는 일이었다. 그도 그럴 것이, 나는 항상 가정 안에서도 뭔가 달성하려고 쉬지 않고 시도했던 사람이었다. 그야 지금은 그것이 얼마나 무모하고 헛된 짓인지 깨달았지만 말이다.

과거의 나는 이랬다. 여행을 가기로 했으면 출발 일주일 전부터 인터넷이나 여행 책자를 통해 여행지에 대해 꼼꼼히 알아보고 스케줄을 빡빡하게 잡곤 했다. 그런 다음 현지에 가서 먹을 음식부터 시작해 놓쳐서는 안 될 장소에 관한 정보를 잔뜩 프린트해서는 아내에게 읽어보라고 툭 던져주었다. 나름 그러는 이유가 있었다. 언제 다시 올지 모르고, 또 여행을 다녀왔으면 나에게든 남에게든 뭔가 보여줄 흔적쯤은 남겨야 한다고 생각했기 때문이다.

한편 아내의 반응은 언제나 시큰둥했다. 자기는 계획하지 않고 무작정 떠나야 느긋하게 즐길 수 있다나. 난 그런 아내를 전혀 이해하지 못했고, 그건 아내도 마찬가지인 모양이었다. 이렇게 첫 단추부터 잘못 끼웠으니 하나에서부터 열까지 사사건건 부딪칠 수밖에.

여행 첫날 아침부터 나는 잔소리를 시작한다.

"일어날 시간이야. 빨리 좀 일어나. 왜 이렇게 늑장을 부리는 거야? 아침에 가야 할 곳이 있다고 했잖아. 이제 일어나서 언제 밥 먹고 출발하려고 그래. 첫날부터 계획이 틀어지게 생겼어!"

결국, 우린 다투고 만다. 그리고 여행 내내 기분이 상해 있다.

혹 당신도 이와 비슷한 경험이 있을지 모르겠다. 비싼 돈 주고 여행 가서 얻는 것이 고작 불협화음이라니……. 이럴 거면 차라리 집에서 쉬는 게 백배 낫지 않나 싶다.

다행히 지금은 예전과 많이 달라졌다. 여행의 본질이 무엇인지에 대해 파악했다고나 할까. 여정 가운데 행복하다면 그걸로 족하다고 여기게 되었다. 뭐든 계획이 넘치면 넘칠수록 스스로뿐 아니라 남까지 옭아매어 서로 마음이 편치 않다는 것도. 찬찬히 생각해 보면 여행 스케줄은 단지 목표일 뿐이지 단연코 목적이 될 수 없다. 한데 목적은 젖혀두고 오로지 목표에만 집착했던 것이다. 여행의 본질, 그러니까 가족 여행의 궁극적인 목적이 '행복'이라는 사실도 까맣게 잊은 채 말이다.

하나를 보면 열을 안다는 말처럼 이런 내 성격은 자연히 직장으로도 이어졌다. 한마디로 나는 목표지향주의자였다. 남보다 좋은 평가, 고속 승진, 고액 연봉에 목표를 두고 매진했다. 물론 어느 정도 만족할 만한 성과를 맛본 적도 있다. 하지만 목표를 달성했다고 해서 행복한 상태가 이어지는 것은 아니었다. 그저 잠시만 행복할 뿐 이내 허탈감이 찾아오곤 했다. 어찌 보면 당연한 결과인지도 모른다. 삶의 목적과 그에 따른 목표에 대해 정확히 알지 못했으니까.

목적과 목표가 헷갈려

지금 나는 듀얼 해피니스를 인생의 목적으로 삼고 있다. 일과 삶의 균형, 즉 일터에서도, 개인의 삶에서도 행복을 추구하는 삶을. 과거엔 경제적, 사회적 지위를 유지해주는 회사에 의존해 싫으나 좋으나 일에만 매달렸다면, 지금은 조건에 별로 연연하지 않게 되었고 마침내 직장에서 하나의 독립체로 우뚝 서게 되었다. 한마디로 '자유로운 영혼'이 된 것이다. 사실 그렇다. 회사에 얽매이지 않고 여차하면 언제라도 이직할 수 있다는 마음가짐으로 살아가는 이것이야말로 자유로운 영혼이 아니고 무엇이겠는가. 다만 실력을 갖추어야 한다는 조건이 있긴 하다. 실력 없이 보다 나은 조건으로 이직한다는 건 쉬운 일이 아닐뿐더러, 자신감이 있어야 두둑한 배짱도 생길 것이기 때문이다.

누구나 마음속 한구석에 꿈 하나는 있을 듯하다. 원대한 꿈이든 작고 아담한 꿈이든, 아니면 단지 희망 사항에 불과한 한 조각 생각일지라도 말이다. 그리고 이 꿈은 자신에게 매우 소중할 것이다. 바로 이 소중한 저마다의 꿈이 인생의 목적이 아닐까? 가끔 보면 목표를 달성해 놓고 꿈, 즉 목적을 이루었다고 말하는 사람이 더러 있는 듯하다. 예를 하나 들어보겠다. 어떤 이들은 강사나 작가가 목적이라고 말한다. 실제로 이렇게 말하는 사람 중 일부는 그야말로 용감무쌍하게 다니던 직장을 박차고 나와 당당히 꿈에 도전한다. 그중에는 성공하는 사람도 나온다.

여기서 잘 생각해 보아야 한다. 강사나 작가가 된 사람들에겐 앞으로 무엇이 인생의 목적이 될까? 여전히 강사나 작가가 목적일 리는 없을 테고, 혹 유명한 강사나 베스트셀러 작가가 되는 것? 그럼 목적이 바뀌었다. 내 의견은 그렇다. 이토록 쉽사리 변하는 건 목적이 아니지 싶다. 왜냐하면, 목적은 목표와 달라서 그리 쉽게 변하지 않는, 그러니까 상위 개념으로 봐야 하기 때문이다. 그러므로 강사나 작가가 되는 건 목적이 아니라 목표라고 보는 게 더 맞다.

내 경우를 보자. 내 꿈은 듀얼 해피니스를 실천하는 행복한 할아버지다. 나는 이 꿈을 위해 맨 처음 복화술을 배웠다. 이어 작가가 되겠다고 마음먹었다. 그 다음은 강사가 되는 거다. 일단 이렇게 목적에 따라 세부 목표를 세워 놓았는데, 상황에 따라 바뀔 가능성을 늘 염두에 두고 있다. 물론 목적지를 잘 알기에 방향을 잃지 않을 테니 언젠가 때가 되면 결승점에 도착하게 돼 있다. 반대로 단타적인 목표만을 줄줄이 세워 놓은 다음 이를 실행할 경우는 어떨까? 목적지를 정확히 몰라 도중에 어디로 가야 할지 방향을 잃기 십상이다. 실제로 나는 회사에서 남보다 빠른 승진에 해외 주재원을 목표로 삼아 매진했고 또 그 목표를 이루었지만, 얼마 후 임원 승진이라는 목표가 좌절되자 어디로 가야 할지 방향을 잃고 패닉상태에 이르렀다. 전혀 예상치도 못하고 상상하기도 싫은 결과였다. 특히 조정할래야 조정할 목표가 없다는 게 패닉상태에 빠지는 데 결정적인 한 방이었다.

그럼 이번에는 목표 수정에 관한 예를 들어보겠다. 영어 실력을 키우기 위해 미국으로 어학연수를 떠난다고 하자. 여기서 목적은 영어 실력을 키우는 것이고 미국을 가는 게 아니다. 만약 목적에 집중한다면 굳이 미국으로 가지 않아도 된다는 결론이 나온다. 외국인 친구를 만들거나 영어 동호회에 가입하거나 인터넷 화상 영어로 공부하는 방법 등 그 외에도 여러 가지 방법이 있을 테니 말이다. 물론 미국에 갈 경우 영어 실력이 늘 가능성은 많다. 하지만 미국에 간다고 해서 현지인과 대화할 기회가 많다는 보장도 없다.

한 예로, 아내는 도쿄에 갔을 때 일본말을 전혀 할 줄 몰라 허둥지둥 학원에 등록했다. 그런데 학원 안에는 선생님 외엔 일본 사람은 눈을 씻고 찾아봐도 없더란다. 막상 일본어를 배워도 써 먹을 데가 없던 학생들은 학원에서 같이 공부한 사람끼리 카페에 모여 수다를 떨어야만 했다. 물론 학생들은 세계 각처에서 온 사람이었다. 하루는 아내가 푸념하듯 입을 뗐다.

"내가 사용하는 일본어는 소비적인 언어일 뿐이야. 쇼핑할 때만 쓰니까 말이야."

어학연수에 대해서는 뭐 각자 알아서 판단할 일이지만 이런 경우도 있다는 걸 말해주고 싶었다.

결과적으로 목적을 우선시하게 되면 목표는 언제든지 수정할 수 있다. 목표를 이루지 못했다고 해서 실망하거나 좌절할 필요가 없다는 얘기다.

목표는 행동이고 목적은 얻고 싶은 행동의 결과물이다. 바꿔 말하면 목적을 달성하면 목표도 자연스럽게 이루어지지만 반대로 목표를 달성했다고 해서 목적이 저절로 이루어지는 건 아니다. 당신은 지금 어떤 목표를 위해 애쓰고 있는가? 만일 그것이 목적 없는 목표라면 의미 없는 좌표에 불과할지 모른다.

나는 오키나와 여행의 목적을 가족의 행복에 두었기에 기본적인 스케줄은 정했지만 언제라도 계획은 변경할 수 있다고 가족과 합의했다. 물론 오키나와에 가서 여기만은, 이것만은 가보고 먹어야겠다고 하는 한두 가지를 빼고는 말이다. 결과적으로 훨씬 여유롭고 넉넉히 누리는 힐링 여행이 되었던 것 같다. 여행 기간 내내 비가 추적추적 내렸지만 그리 아쉽지 않았다. 아내와 딸과 대화하며 마음에 남을 소중한 추억을 쌓았고, 우리 가족은 여행을 통해 더욱더 끈끈한 관계가 되었기 때문이다. 아무래도 목표보다는 목적을 생각했기에 이런 결과가 나오지 않았나 하는 생각이 든다.

자신에게 질문을 던져보자. 직장생활을 통해 얻고 싶은 것이 무엇인가? 그리고 직장생활을 통해 느끼고 싶은 감정은? 혹 그것이 일에 대한 성취감 내지는 실력과 인격의 성장, 보람인가?

이러한 질문에 대해서는 알 듯 모를 듯해서 선뜻 대답하기 어려울 수 있다. 그럼에도 한 번쯤은 반드시 짚고 넘어가야 할 문제가 아닐 수 없다. 정말로 되고 싶은 것, 갖고 싶은 것, 즉 목표가 있더라도 인생의 목적이 불분명하다면 부지불식간에 망망대해에서 표류하게 될지도 모르니 말이다.

5. 하지 말아야 할 일의 리스트라고?

당신은 하지 말아야 할 일을 적은 리스트를 갖고 있는가? 만일 이런 질문을 받는다면 사람들은 이렇게 대답할지 모른다. '그렇지 않아도 할 일이 태산 같아 골치가 아플 지경인데 이젠 하지 말아야 할 일까지 신경 써야 합니까?' 그렇다. 우리에겐 해야 할 일이 넘치고도 넘쳐난다. 해야 할 일을 일일이 일과표에 체크해 가며 살아가야 할 정도니까. 하지만 아이러니하게도 사람들은 이리도 해야 일이 많은데 거기서 한술 더 떠 죽기 전에 꼭 해보고 싶은 일, 버킷리스트에 열광하기까지 한다.

난 좀 생각을 달리해봤다. 반대로 하지 말아야 할 리스트를 몇 가지 만들어봤다는 소리다. 우선순위 문제 때문인데, 할 일 내지는 하고 싶은 일에 온 신경을 쏟다 보면 정착 중요한 일을 놓치지 않을까 염려가 되어서였다. 게다가 할 일을 체크해가며 일을 해도 줄어드는 게 아니라 자꾸만 늘어가는 느낌이 들었다. 그렇다고 해서 상사로부터 좋은 소리를 듣는 것도 아니었다. 어디 그뿐인가, 하루가 멀다 하고 야근이냐며 아내의 잔소리까지……. 그야말로 일과 삶의 질서가 뒤죽박죽 엉망진창이었다.

급한 대로 퇴근 후에 스트레스를 풀 요량으로 습관처럼 보던

TV를 끊기로 했다. 솔직히 TV를 한번 보기 시작하면 여간해서는 멈추지 못하던 나였다. 그때껏 TV는 눈과 귀를 즐겁게 해주고 스트레스를 말끔히는 아니더라도 어느 정도 씻어주는 고마운 존재였다. 하지만 안타깝게도 내 시간을 오롯이 앗아가 버리는 골칫덩이이기도 했다. 이건 장점으로는 만회할 수 없는 치명적인 단점이었다. 망설임을 거듭한 끝에 아쉬운 마음을 뒤로하고 아예 TV를 없애기로 마음먹었다.

TV를 없앤 후 처음에는 무지막지하게 힘들었다. 뭐랄까, 마음 한구석이 뻥 뚫린 것처럼 허전하다고나 할까. 뭘 해야 할지 몰라 안절부절 못하고 집안을 이리저리 배회하기도 하고 침대에 누워 스마트폰을 만지작거리기 일쑤였다. 거기다 최근 유행어나 인기 연예인들의 이름 같은 것을 모르니 사람들과의 대화에 도통 끼어들기도 힘들었다. 그럴수록 사나이가 칼을 한번 빼 들었으니 무라도 자르겠다는 심정으로 재차 마음을 다잡곤 했다. 얼마간 시간이 흘렀을까, 어느덧 결단코 익숙해질 것 같지 않던 TV 없는 환경에 익숙해져 갔다. 하릴없이 보내던 시간은 생산적인 일로 하나둘 채워지기 시작했다. 컴퓨터 앞에 앉아 복화술에 사용할 대본을 쓴다거나 책을 읽는다거나 아내와 함께 산책하거나 하는 일들로.

집에서의 작은 승리에 용기를 얻어 이번에는 일터에서 하지 말아야 할 리스트를 정해봤다. 그중 하나가 '의미 없는 회의에 참석하지 않기'였다. 그런데 문제가 있었다. '내가 회의에 들어가지 않으면 나 대신 누가 회의에 참석하나' 하는 생각에 걱정이 앞섰다. 대안 마련이 시급했다. 하지만 묘수랄 것이 없었다. 같이 일하는 후배 사원들뿐이었다. 어차피 가급적 여러 일에 대한 권한을 후배 사원들에게 위임하려고 생각해 왔으니 이 기회에 그것을 실천해 보기로 했다.

나는 꼭 발언하거나 발표할 안건이 없는 이상 회의에 들어가지 않는 것을 원칙으로 삼았다. 아무런 결론 없는 회의, 의미 없는 회의로 하루를 보낼 바에야 차라리 그 시간에 생각을 정리하는 시간으로 채우는 게 낫겠다 싶었다. 따져 보면 회의만 참석하지 않아도 꽤 여유 시간이 생긴다. 회의에는 담당을 정해서 나누어 참석한 후, 내용을 공유하면 되었다. 결과적으로 나뿐만 아니라 동료들에게도 묘안이 되었다.

마지막으로 야근이다. 일체의 야근을 하지 않겠다는 건 아니고, 딱히 할 일이 없는데 꾸역꾸역 남아 일하지 않겠다는 마음이었다. 그야 일이 있으면 밤을 새워서라도 일하겠다는 생각에는 변함이 없었다. 다만 사무실에 남아 어영부영 시간을 보내는 대신 정해진 근무시간에 집중해서 일하자는 주의였다. 어떤 직원들은 낮에 일을 다 마치지 못하고 꼭 야근을 한다. 그리고 스스로 일을 열심히 한다고 생각하고 그것이 실력이라 여기는 듯도 하다. 하지만 야근은 자기 성장에 별로 도움이 안 될 뿐더러 평가를 잘 받기 위해 야근한다는 것은 위험한 발상이다. 실력을 야근으로 입증하려 해서는 안 된다. 상사들은 야근한다고 해서 일을 열심히 한다거나 실력이 있다고 결코 여기지 않는다.

사람들에게 버킷리스트처럼 하고 싶은 일을 열거해 보라면 입을 열어 끝도 없이 얘기할 것이다. 그러나 하지 말아야 할 일을 정해보라면 그리 간단한 문제로 다가오지 않는다. 평소에 써보지 않은 굉장한 투지를 발휘해야 할지도 모른다. 특히 자기 업무 영역에서 다소 엄격한 규칙을 만드는 일이라면 더더욱 부담을 느끼기 마련이다. 무언가를 포기하는 결심은 쉽사리 하기가 어렵고 자기 삶을 도려내는 듯한 고통이 뒤따르기에 그러하다. 그럼에도 무언가를 포기하면 뜻하지 않은 것들을 얻게 된다. 그건 바로 정말로 해야 할 일에 집중할 수 있다는 점이다.

『좋은 기업을 넘어 위대한 기업으로』의 저자 짐 콜린스는 경제학의 대부인 피터 드러커를 멘토로 생각하고 따랐다. 어느 날 그는 피터 드러커로부터 받은 한 가지 질문으로 인해 인생의 전환점을 맞이했다고 회상한다. 질문은 바로 이것이었다.

"당신에게 하지 말아야 할 일의 리스트가 있는가?"

당시 짐 콜린스는 여러 기업에서 받은 컨설팅으로 눈코 뜰 새 없이 바쁜 데다 책까지 써야 해서 몸이 둘이라도 모자랄 지경이었다. 그런데 피터 드러커의 질문을 듣고 곰곰 생각해 보니 지금은 이것저것 일을 떠벌일 때가 아니라 오히려 자신만의 콘텐츠를 개발할 시기라고 느꼈다. 그는 콘텐츠 개발에 승부를 걸었다. 그 결과 기업 경영에 관한 베스트셀러와 콘텐츠를 만들어내어 경영학자로서 세계적인 명성을 쌓았다. 이 예화는 그냥 유명인사의 성공기로 치부하기에는 시사하는 바가 크다. 어쩌면 우리도 해야 할 일보다 하지 말아야 할 일들에 집중해야 할 때가 지금인지 모른다.

이 순간 피터 드러커가 당신에게 묻는다.

"과연 당신은 하지 말아야 할 일의 리스트를 갖고 있는가?"

리스트를 만드는 전제 조건

알다시피 해야 할 일의 리스트는 만들기가 그다지 어렵지 않다. 하고 싶은 일과 해야 할 일을 생각나는 대로 정리하면 그만이다. 아마 당신도 인생의 목표 내지는 일 년간의 목표, 한 달, 한 주간의 목표를 만들어본 경험이 있을 터다. 반면에 하지 말아야 할 리스트를 만들어본 적은 거의 없을 듯하다. 솔직히 말해 나를 통제하고 뭔가를 포기하는 건 그리 쉬운 문제가 아니니까.

집에서보다도 우선적으로 일터에서 당장 그만두어야 할 일에 관한 리스트를 만들어보면 어떨까 싶다. 그만큼 직장 일이 우리 삶에서 차지하는 비중이 크고 영향력도 대단하기 때문이다. 일단 이런 질문부터 해보자.

"일터에서 첫 번째로 그만두어야 할 일은 무엇인가? 있다면 어떻게 리스트를 작성할 것인가?"

이 질문에 대한 대답은 그리 어렵지 않을 듯하지만, 막상 만들어보려고 하면 여기저기 흩어진 생각들을 한데 모으기가 쉽지 않을 것이다. 혹 도움이 될까 해서 리스트를 작성하는 데 필요한 몇 가지 질문을 제시해 본다.

첫째, 지금 하는 일이 조직의 비전과 일치하는가?

개인적으론 이것이 가장 중요하다고 생각한다. 필히 조직의 비전이 무엇인지 파악해 보아야 한다. 없다면 직접 만들어보자. 그런 다음 그 안에서 내 목표는 무엇이고, 목표를 이루는 데 기여하지 않는 일은 무엇인지 찾아본다. 그러한 관점에서 보아 당장 그만두어야 할 일 리스트의 후보들을 순서대로 적어본다.

둘째, 리스트에 적힌 일의 권한은 누군가에게 위임할 수 있는 일인가?

직장인들은 의례적이든 습관적이든 개인보다는 팀을 위해서 일한다고 말하는 경향이 있다. 만약 그것이 사실이라면 특히 리더들은 굳이 자신이 하지 않아도 될 일은 과감히 후배 사원들에게 권한을 위임해야 한다. 함께 일하는 후배들이 위임받은 일을 통해 성장할 것이고, 나아가 그것이 조직을 위하는 길이기도 하기 때문이다.

세 번째, 자기 성장 또는 성과가 나타나고 있는가?

일하면서 적절한 결과나 열매가 돌아오고 있는지를 틈틈이 점검해야 한다. 당신이 하는 일이 이전에는 부가가치가 있다 하더라도 지금은 어떤지 알 수 없다. 예컨대 내가 맡은 일이 조직이나 팀 성장에 도움을 주고 있는지, 경영 성과에 기여하고 있는지 등을 정확히 판단해 보라는 소리다. 만약 성과가 없다면 그만두는 게 낫다. 그리고 그 일을 접었다면 나중에 어떤 일이 일어나는지 결과를 꼭 지켜보자. 그만둘 수밖에 없었던 이유를 알 수 있고, 다음에 이 경험은 유용하게 쓰일 것이다.

혹 당신이 리더라면 담당 조직에서 그만두어야 할 일을 규명할 필요가 있다. 그래야 조직은 더 긴급하고 소중한 일에 집중할 수 있게 된다. 혹 알지만 바로 실천에 옮기기 어렵다면 기간과 영역을 설정해 보면 좋겠다. 언제까지 이런 일을 하지 않겠다든가, 이런 습관은 버리겠다든가, 아니면 이런 분야의 일에는 손을 대지 않겠다든가 하는 일정한 조건을 달아보라는 말이다. 분명 일하는 습관을 만들어줄 가이드라인이 될 것이다. 그러면 조직의 업무 스피드는 날이 갈수록 빨라질 것이 분명하다.

나는 당신이 적을 코앞에 두고 두 팔과 다리로 허공만 하염없이 쳐대는 일이 없기를 바란다. 일을 제대로 하려면 우선 쓸데없는 일부터 제거해보라. 그러면 해야 할 일이 더 명확히 보일 것이다.

6. 이왕이면 남들에게 보여주는 취미를 선택하라

"듀얼 해피니스 말이죠, 이론은 좋은데 현실과는 좀 동떨어진 느낌이 드네요. 그렇지 않나요? 조철웅 선생님이야 대기업 부장쯤 되니까 그렇게 말할 수 있을런지 몰라도, 저같이 작은 회사에 다니는 사람들한텐 불가능한 얘기 같은데요."

듀얼 해피니스에 대해 이야기하자 이런 피드백이 날아온 적이 있다. 대기업에 다니는 사람은 물리적, 정신적으로 얼마간 여유가 있으니까 듀얼 해피니스니 스마트워크니 하는 것이지, 중소기업에 다니는 사람들은 그럴 여유 자체가 없다는 얘기다. 아, 그야 틀리지 않는다. 내가 중소기업에 다니는 사람들에 비해 경제적으로나 환경적으로 나은 여건이라는 점에서는 그렇다. 그러나 전적으로 동의할 수만은 없었다. 그래서 이렇게 대답해 주었다.

"그런데 혹 주변에 대기업 부장쯤 되는 사람이 저처럼 듀얼 해피니스의 삶을 사는 것 본 적 있나요? 제 주변에는 눈을 씻고 찾아봐도 없던데요. 물론 나 보란 듯이 드러내놓고 살지 않아서 모르는 수도 있겠죠. 그렇지만 대기업 부장이란 자리가

94

그래요, 바람 불면 훅 날아가는 그런 자리거든요. 마지막 잎새처럼 언제 떨어질지 몰라 불안해하는 낙엽 줄 인생에 꼬투리만 잡혀도 옷 벗고 나가야 한다는 두려움 때문에 늘 심적으로 자유롭지 못하죠."

과연 보다 나은 환경에 있다고 해서 듀얼 해피니스를 실천할 수 있을까? 그렇지 않다고 본다. 환경보다는 뭔가에 도전하고자 하는 마음가짐에서부터 출발한다고 생각한다. 그렇다고 해서 듀얼 해피니스가 단순히 일에서 오는 스트레스에서 벗어나기 위해 취미생활을 겸하는 그런 생활은 아니다. 일례로 대기업에 다니는 내 친구는 휴일이면 어김없이 쉼을 찾아 어디론가 떠나기 바쁘다. 봄가을이면 산으로, 여름이면 바다로, 겨울에는 스키장으로. 특히 겨울이 되면 한 주도 거르지 않고 스키를 타러 다닌다. 과중한 업무에 시달려 스트레스가 이만저만이 아닌 모양이다. 한 날은 그 친구에게 물었다.

"돈에 여유 좀 있나 보다. 매주 스키 타러 다니게."
"왜 그래, 다 살려고 그러는 거야. 뭐 재밌기도 하지만."

또 한 후배는 드립 커피를 만드는 취미가 있다. 그는 미혼인데 쉬는 날이면 원두커피를 갈아 드리퍼에 넣고 내린 다음 커피의 맛과 향을 찬찬히 음미하며 마시는 걸 낙으로 삼는다. 당연히 커피에 대한 조예도 깊다. 그의 말에 따르면 커피는 원산지나 원두를 가는 사람에 따라 맛이나 향이 완전히 달라진다고 한다. 아무튼, 그는 직장에서 소진한 에너지를 취미로 충전하려 애쓰는 것 같았다. 땀 흘려 달려왔으니 잠시라도 쉬면 좋고 또 즐겁기까지 하다니 금상첨화가 따로 없다. 이래서 다들 잠시 일상에서 벗어나 스포츠나 문화 예술 관련 활동을 하는 것이 아닌가 하는 생각도 들었다.

이 친구들을 보면서 다만 아쉬운 점이 있다면 스트레스 해소 차원에서 취미생활을 하는 건 좋은데 그것이 일에 활력을 불어넣는 데까지는 가지 못했다는 것이다. 주말마다 밖으로 돌던 내 친구는 얼마 전 스트레스를 견디다 못해 끝내 직장을 그만두었고, 커피 애호가였던 후배도 휴직을 신청했다. 둘 다 취미생활을 즐겼고 만족한다고 했는데도 말이다.

취미도 프로처럼?

직장의 한 동료는 펜으로 그림을 그려온 지가 어언 10년이 넘는다고 한다. 전시회에 펜 그림을 출품한 지도 올해로 5년째라고 하는데, 어찌나 그림 실력이 뛰어난지 놀라움을 금치 못했던 기억이 난다. 잔잔한 호수 위에서 오리들이 노는 정경이며 가로등에 비친 수백 개 건물이 빼곡히 들어찬 서울 밤거리, 남대문의 수려한 모습을 정교하고 깔끔하게 표현한 그림 등 한눈에 봐도 빼어나기 그지없었다. 한번은 궁금해서 물어보았다.

"도대체 그림을 어디서 배운 거야? 언제부터?"

사실 내 궁금증은 이 친구가 그림을 어디서 배웠는가보다는 언제 배웠는지가 훨씬 컸다. 그도 그럴 것이, 아침 일찍 출근해 오밤중이 돼서야 퇴근하는 걸 누구보다 잘 알기 때문이다.

"시간 날 때마다 집에서 혼자 그리곤 했어요. 그러다 보니 어느새 이렇게 됐네요. 정 궁금한 게 있을 땐 가끔 아는 화가한테 물어보기도 했고요."

그랬다. 이 친구는 혼자서 10년이란 긴 세월 펜을 들었고, 그한 획 한 획이 모여 마침내 전문가 실력이 된 것이다.

취미 얘기가 나왔으니 직장인은 아니지만 내 아내 얘기를 좀 해야겠다. 아내는 예전부터 유독 영어를 좋아했다. 과거, 도쿄에 살 때도 일본에 왔으면 일본어 공부를 하는 게 맞는데 거기서도 원어민을 수소문해 영어를 공부했다. 한 날은 궁금하기도 하고 돈도 아깝다는 생각에 나무라는 투로 물었다.

"아니, 그 영어 공부해서 어디다 쓰려고 그래? 일본에 왔으면 일본어를 공부해야지! 그리고 수업비가 너무 비싸지 않아?"

아내는 얼굴이 붉으락푸르락해지더니 대뜸 이렇게 쏘아붙였다.

"그냥 영어 공부하는 게 좋은 걸 어떡해!"

하, 그냥 좋다…. 난 할 말을 잃고 말았다. 그나저나 이랬던 아내가 지금은 번역가로 활동하고 있으니 지금도 할 말은 없다.

참, 아내한테 들은 말인데, 어떤 번역가는 퇴근하면 으레 커피숍에 들러 매일 두 시간 정도 번역 일을 한단다. 그리고 그 번역가에게는 그 시간이 하루의 피로를 날려버리는 시간이란다.

왜 이리 장황하게 취미 얘기를 꺼냈냐 하면, 이왕 취미생활을 할 거라면 전문적으로 하는 건 어떨까 해서다. 물론 취미라는 말 자체는 전문적인 무엇이 아니라 즐기기 위한 그 무엇이다. 그럼에도 그러한 취미가 좀 더 전문적인 것에 가깝다면 더할 나위 없지 않을까? 사실 사람은 누군가로부터 인정받을 때 자존감이 높아지고 열정과 에너지가 솟아나지 않는가. 그러면 높아진 자존감이 활력 있는 직장생활로 이어지는 건 당연한 순서다. 게다가 같은 취미를 가진 사람들과의 교감은 인생을 살맛나게 해줄 것이고 말이다.

당신의 취미는 무엇인가? 일이 넘쳐나 취미생활을 할 기회 자체가 없다고? 그래도 취미까지는 아니더라도 일상에서 벗어나려고 좋아하는 뭔가를 시도한 적은 있을 것이다. 알고 보면 취미는 그저 한번 해볼까 하는 식으로 도전했다가 사그라지는 소모적인 류가 아니다. 오히려 자신을 제대로 발견하는 자기계발의 도구이며 사회생활을 해나갈 수 있는 원동력이라고 할 수 있다. 가슴 뛰는 취미와의 만남은 새로운 세계로의 문턱인 것이다.

그런 의미에서 아직 취미가 없다면 난 이렇게 권하겠다. 남에게 보여줄 수 있는 취미생활을 시작해보면 어떨까? 남에게 보여줘야 한다는 긍정적인 스트레스는 우리의 생각을 과거에 머물게 하는 '생각 묶임'에서 벗어나게 해준다. 나아가 미래를 위해 끊임없이 새로운 뭔가를 만들어내는 과정에서 우리 삶의 생산성은 극대화될 것이다. 물론 나를 사로잡고 있는 부정적인 생각을 완전히 없애기는 힘들다. 불안하게 만드는 환경도 마찬가지다. 그럼에도 상사를 바꿀 수 없고, 직장을 바꿀 수 없다면 차라리 내가 잘할 수 있는 것을 극대화해서 부정적인 요소들을 덮어버리는 것이다. 바로 전문적인 취미를 도구로 사용해서 말이다.

1. 수평적 조직 문화는 안정감이다

사람들은 수직적 조직 문화라고 하면 언뜻 상명하복의 군대를 떠올리는 듯하다. 한마디로 명령에 살고 명령에 죽는 조직. 물론 군대는 일사불란하게 움직여야 하는 조직의 특성상 수직적 조직 문화가 다분히 효율적일 수 있다. 그런데 직장에선 일사불란하게 움직여야 할 일이 뭐가 그리 많다고 군대 문화를 고스란히 흉내 내는 것일까?

내가 속한 삼성은 올해 전격적으로 직급 체계를 없애고 호칭을 바꾸기로 했다. 대표적인 것이 이름 뒤에 '님'자를 붙여 '아무개 님'이라고 부르거나 닉네임을 사용하는 것이다. 개인적으로 수평적 조직 문화 확산을 위해서 나쁘지 않은 결정이라고 생각한다.

다만 과연 직급체계를 없애고 호칭을 바꾼다고 해서 수평적 조직 문화가 자리 잡힐지에 대해서는 의문이 가시지 않는다. 우리나라 기업의 대부분은 군대 문화, 혹은 유교 문화가 깊게 뿌리내린 상태라 해도 지나치지 않기 때문이다. 이런 상태에선 나무만 싹둑 자르는 격으로, 그 뿌리까지 사라지는 건 아닐 터다. 얼마간 그렇게 잠잠하다가 다시 뿌리에서 스멀스멀 싹이 올라오지 싶다. 결국, 아무리 회사 차원에서 수평적 조직 문화를 실천하려고 노력한들 직원들 사이에 만연된 유교 문화는 마치 쇠심줄과 같아서 쉽사리 끊어지지는 않을 듯하다.

나는 하드웨어가 바뀌는 것으로는 이 문제가 해결되지 않으리라 본다. 먼저 의식, 즉 소프트웨어가 바뀌어야 한다고 생각한다. 그러니까 수평적 조직 문화의 지향점은 '심리적 안정감'이 되어야 한다는 소리다. 사실 직장을 살펴보면 고질적으로 바뀌지 않는 수직적 조직 문화가 너무도 많다. 그중에서도 시급하게 바뀌어야 할 영역들이 이것이다.

첫째, 책임감을 느끼기 어려운 보고 체계다.

후배 사원들은 무조건 상사에게 보고만 하면 끝이라 여긴다. 왜 그럴까? 보고체계에 문제가 있다고 보면 된다. 대개 직장에서는 대리가 과장에게, 과장이 부장에게, 부장이 팀장에게, 그러니까 직급 순서로 보고체계가 짜여 있다. 그런데 이런 보고체계는 시간을 지체시키는 게 문제다. 이리저리 거치면서 최초에 보고서를 만든 사람의 의도는 어느 순간 퇴색되고 문제 해결보다는 상사의 기호에 맞춘 보고서만 딸랑 남고 만다. 결과적으로 책임감은 어디에서도 찾아볼 수 없다.

그렇다고 해서 보고서를 쓴 사람들이 무능하다거나 일에 대한 경험이 없어서 책임감을 느끼지 못하는 건 아니다. 어차피 과장이 고치고, 차장이 고치는 식으로 계속해서 내용이 바뀔 것을 뻔히 알기에 굳이 심혈을 기울이지 않는 것이다. 생각해 보라. 정성 들여 쓴 보고서가 자주 난도질 당하다 보면 책임감은 사라지고 점차 '시키는 일만 하면 된다.'로 바뀌지 않겠는가.

한편 상사의 입장은 어떨까? 후배 사원들로부터 보고서를 받은 상사는 당연히 자신이 책임자라고 생각한다. 그 순간 문제 해결보다는 보고 자체가 중요하다고 여기게 된다. 이번엔 상사가 후배들이 만든 보고서를 재차 윗선의 입맛에 맞게 바꾼다. 이럴 거면 애초에 상사가 보고서를 쓰면 되지 왜 후배들한테 보고서를 쓰게 하나, 라는 결론이 나온다.

그렇다면 수평적 조직 문화에서의 보고체계는 어떠할까? 모든 직원이 팀장에게 직접 보고한다. 자연히 아무리 직급이 낮은 직원이라 할지라도 팀장에게 자신이 작성한 보고서를 성의 없이 써서 올릴 리는 만무하다. 실수는 없는지, 관점은 제대로 잡았는지, 이것저것 꼼꼼히 신경 쓰기 마련이다. 바로 책임감을 느끼게 되는 순간이다. 그리고 옆에 있는 과장이나 차장에게 물어보면서 주도적으로 성과를 만들어가는 데 심혈을 기울인다. 이것은 동료들 간에 수평적 관계로 이어진다. 차장이나 과장은 더 이상 상사가 아니라 도움을 주고받는 관계가 되는 것이다. 물론 팀장 입장에서는 여러 직원을 상대해야 하니 다소 부담이 느껴질 수 있다. 하지만 정확한 업무 목표와 가이드를 제공해 줄 수 있다는 측면에서 보면 장기적으로 효과가 크다 하겠다.

둘째, 말로만 자유로운 회의 문화다.

대개 회의석상에서 팀장은 사원들에게 이렇게 말한다.

"자자, 이제 수평적 조직 문화를 실천하기로 했으니까 나이와 직급을 떠나서 의견을 말해보자고. 어서 말들 좀 해봐. 아니, 왜 말을 안 하는 거야? 기회를 줘도 못 하나?"

아니, 이런 분위기에서 무슨 말을 하겠는가. 나이와 직급을 떠나서 자유롭게 말하라고 하면서 분위기 자체를 험악하게 몰아가는데……. 그러면서 팀장은 한 시간 내내 혼자 떠든다.

이번에는 또 다른 회의 문화를 보자. 결혼한 여자 사원들은 날마다 분주하지만, 월요일에 특히 더 그렇다. 아이들을 어린이집에 맡기고 회사에 도착하면 오전 9시가 훌쩍 넘는다. 그런데 회의 시간은 9시 정각에 잡혀 있고, 아이를 어린이집에 맡기고 오는 사람은 늦어도 된다고 얘기한다. 회의에 참석하라는 건지 말라는 건지 도대체 알다가도 모를 일이다. 내 생각은 이렇다. 수평적 조직 문화를 염두에 둔다면 당연히 어린 자녀가 있는 여자 사원들을 배려해서 회의시간을 한 30분 정도 늦추면 어떨까 싶다. 아니면 아예 오후로 회의를 잡던지. 하지만 현실은 팍팍하기만 하다. 팀장은 꼭 9시에 회의를 하자고 고집한다. 팀장 자신은 새벽같이 출근하는 탓에 9시는 한낮이라고 여기는 모양이다.

나는 수직적 조직 문화를 상쇄하려고 내가 담당한 부서에서만큼은 자유로운 회의가 될 수 있도록 노력한다. 아직 내 안에도 수직적 조직 문화의 때가 덕지덕지 붙어 있긴 하다. 예컨대 회의 중에 후배 사원이 거세게 반론을 제기할 때면 속으로 발끈할 때도 있다. 하지만 그럴수록 마음을 다스리고 차분히 대처한다. 바로 이렇게.

"그래, 그렇게 말하는 거 아주 좋아. 수평적 조직 문화를 위해선 그리해야 해."

또 한 번은 어느 후배가 회의 중 갑자기 너무 힘들다면서 그만하자고 했다. 예전 같았으면 무슨 소리냐고, 아직 문제 해결도 하지 못했다고 타박을 했을 터다. 하지만 이렇게 대꾸해주었다.

"그래, 회의를 오래 한다고 해답이 나오는 건 아니지. 알았어, 좀 쉬었다 다시 하자고."

후배들이 회의 중에 자신의 의견을 자유롭게 말할 수 있는 분위기를 조성해 준 것이다. 강압적인 분위기에서는 절대 창의적인 성과가 나올 수 없다고 생각했기 때문이다. 아무쪼록 바람은 상사들이 후배들의 반론을 버릇없다고 여기기보다는 아무렇지 않게 넘길 줄 아는 아량이 있으면 좋겠다.

셋째, 퇴근할 때 꼭 상사에게 인사한다.

후배 사원들은 출퇴근할 때 버릇처럼 상사에게 인사를 한다. 어떤 의미에서는 보고 개념이 내포돼 있다고 봐야 한다. 상사에게 예의 바른 이미지를 심어주는 것이 승진과 곧바로 연관된다고 생각하는 것이다. 그도 그럴 것이 상사들은 예의바른 친구가 일도 잘한다는 선입견이 뇌리에 박혀 있다. 그러니 상사의 눈에 조금이라도 더 자신을 노출하는 것이 평가에 유리하다고 생각할 수밖에. 게다가 성과로써 자신을 노출하기 어려운 사람들일수록 더 그런 경향이 있다.

사실 그렇다. 유교 문화의 잔재는 이것이다. 일의 내용보다는 자세, 성의로 평가하는 것. 우리는 100%만 일하면 될 것을 늘 120%까지 목표를 높여 서비스를 요구한다. 물론 성장하기 위해서는 120%를 목표로 두고 뛰는 것도 괜찮다. 다만 문제는 당연히 치중해야 할 100%에는 관심이 없고 나머지, 그러니까 서비스에 해당하는 나머지 20%에 관심이 더 크다는 사실이다. 내용으로 만족하지 못하고 뭔가 더 해주기를 바라는 것이다.

나는 후배 사원들에게 퇴근 시간이 되면 인사하지 말고 알아서

들 가라고 누누이 말한다. 그 대신 "반드시 성과로 자신을 보여줘야 한다."라는 말도 잊지 않는다. 그러는 이유는 예의보다는 성과로 말해야 하고, 성과는 연봉으로 이어진다는 생각에서다. 사실 회사에서 그토록 수평적 조직 문화를 확산시키려는 의도가 무엇인가? 창의적 성과가 필요한 것 아닌가.

속도의 문제일 뿐, 결국 수평적 조직 문화는 자리 잡혀갈 것이다. 시대적 요청이기 때문이다. 하지만 말로만 수평적 조직 문화를 강조하고, 호칭만 바꾼다고 해서 수평적 조직 문화가 뿌리내리는 건 아니다. 그렇다면 그 변화를 나로부터 시작하는 건 어떨까? 상사 탓만 하고 있어서는 아무것도 변하지 않으니 말이다. 게다가 누가 알겠는가, 탓하던 상사의 모습이 언젠가 내 모습이 될지. 물론 이렇게 돼선 안 되겠지만, 혹시나 그럴 수도 있겠다는 생각이 든다면 무엇보다 동료들을 존중하고 배려하기 바란다. 서로 존중할 때 편안한 환경이 마련되고 이는 창의적인 성과로 이어질 것이다.

얼마 전, 산책하러 나갔다가 하늘을 나는 새 한 마리를 보았다. 그 새는 계속 제자리에서 푸드덕거리며 날갯짓만 하고 있었다. 그 모습이 내겐 왜 그렇게 힘들어 보이던지. 바람을 타면 유유히 날 텐데 바람을 역행해 제자리에서 머물려 하니 힘겨운 날갯짓을 할 수밖에. 어쩌면 우리의 처지가 이와 비슷한 건 아닐까? 변화의 바람에 몸을 내맡기면 유유히 날 수 있는데도 그 바람을 역행하려 온몸으로 버둥거리고 있는 건 아닌지.

2. 수평적 조직문화의 걸림돌, 대면문화

어느 날 다른 사업부에 근무하는 여자 후배한테서 회사를 그만 두었다는 뜻밖의 소식이 날아들었다. 나는 다소 의외라는 생각이 들었다. 일도 잘하고 대인관계도 두루두루 좋아서 회사생활에 만족하는 줄 알았기 때문이다. 얼마 후 후배를 만나 회사를 그만둔 이유를 조심스레 물어보았다. 혹시나 했는데 역시나였다. 회사를 그만둔 데에는 육아 문제가 걸림돌이었다. 다행히 후배는 공백 기간 없이 곧바로 남들이 부러워하는 모 회사로 옮겨서 잘 다니고 있다고 했다. 후배 말에 따르면 옮긴 회사는 분위기가 무척 자유롭단다. 내친김에 이것저것 물어보았다.

"옮긴 회사는 어때?"

"무엇보다 육아 문제가 해결되니 너무 좋아요. 우리 애가 이번에 초등학교에 들어갔는데, 매번 부모님께 등하교를 맡길 수가 없어서 부담되었거든요. 지금은 제가 직접 학교에 데려다줄 수 있어서 다행이에요."

"회사에 늦게 가도 되나 봐?"

"네, 애를 학교에 데려다주고 출근하면 돼요."

"와우, 진짜?"

나는 후배의 말에 입을 딱 벌릴 수밖에 없었다.

"우리 회사는 사무실의 개념이 좀 다르더라고요. 컴퓨터 있는 데가 사무실이라고 생각하죠. 그런 의미에서 보면 집도 사무실이 될 수 있으니 출근하지 않고 집에서 일해도 되죠 뭐."

"정말 집에서만 일해도 되나?"

"당연하죠. 그래도 될 수 있는 대로 출근은 하려고 해요."

"왜?"

"아무래도 집에서 일하는 것보다 집중이 잘되는 데다 다른 사람들과 협업해야 할 경우도 있기 때문이에요."

"상사가 뭐라고 하지 않아?"

"제 상사는 뉴욕에 있어요. 얼굴 볼일이 없는 셈이에요. 이메일로 연락을 주고받을 뿐이죠. 그리고 회사 분위기 자체가 상사 눈치를 보거나 뭐 그렇진 않아요."

정말 꿈같은 직장이었다. 아침에 일어나 '오늘은 좀 피곤한데 느긋하게 집에서 일해야지.' 하며 여유를 부릴 수 있는 환경이라니! 이런 환상적인 작업 환경에서 일하는 사원들은 얼마나 좋을까? 그저 부럽기만 했다. 솔직히 기업들의 조직문화가 빠르게 바뀌고 있다고는 하지만 아무래도 내가 은퇴하기 전까지는 이런 꿈의 환경은 불가능할 것 같기 때문이었다. 물론 모든 일에는 장단점이 있기 마련이다. 후배네 회사가 꼭 좋은 면만 있는 것은 아니다. 퇴근 후에는 일에서 벗어나야 하는데, 집에 있어도 끊임없이 일을 생각해야 한다면 얼마나 피곤하겠는가. 그래도 나처럼 다양한 일에 도전하고 싶은 직장인들에게는 마냥 부러운 근무 환경이 아닐 수 없다. 무엇보다도 상사와 불필요하게 마주칠 일도 없고, 해야 할 일만 제때에 해내면 된다 하니 쓸데없는 데 신경쓰지 않아서 자연히 일의 능률이 향상될 터였다.

사실 그렇다. 수평적 조직문화가 한국 기업에 도입, 정착되기에는 아직도 넘어야 할 장벽이 높다고 생각한다. 그중에서도 가장 큰 문제는 우리나라의 뿌리 깊은 유교문화와 맞물린 대면문화가 아닌가 싶다. 아직도 늦도록 함께 일하고 고생하는 것 자체가 하나의 미덕이라고 여기는 사람이 많은 것이 현실이니까. 한마디로 팀워크라는 가치가 최고의 자산인 셈이다. 이런 분위기에서는 일이 없어도 늦게까지 함께 남아 있어야 능력 있는 직원으로 인정받을 수 있고 또 그것이 평가의 중요한 잣대가 된다. 상사들이 성과보다는 근무 태도 내지는 성의가 더 중요하다고 여기는 탓이다. 일하는 태도가 좋으면 사람도 꽤 괜찮아 보이고, 누군가 고생할 때 끝까지 함께 붙어 있으면 책임 있는 사람으로 자리매김하기도 한다. 그러다 보면 대면문화 탓에 애먼 사람이 피해를 본다. 한 재택근무 여직원의 말을 들어보자.

"음~ 저는 재택근무를 하고 있는데요. 어떨 때는 소외감이 들어요. 얼마 전에 시급한 문제가 있어 동료들과 며칠 동안 밤을 새워가며 일한 적이 있어요. 물론 동료들은 회사에서 일했고 저는 집에서 일했지요. 근데 그렇게 열심히 일하고서도 글쎄 제가 고생한 건 아무도 알아주지 않는 거 있죠. 사무실에서 일했던 사람들한테서 '누가 밤을 새웠다더라. 그러고도 아침에 일찍 나와서 일하더라.' 이런 말이 들려오니 원. 이런 소리를 들으면 역시 일하는 모습을 직접 확인시켜주지 않으면 안 된다는 생각이 드네요. 아무튼, 저 같은 재택근무자는 누구도 알아주지 않는 것 같아요."

예절보다는 성과가 낫다

우리네 기업문화에서는 될 수 있는 대로 자신을 자주 노출해야 유리한 것이 사실이다. 그런 사람을 의욕이 넘친다고 여기는 경향이 있기 때문이다. 다시 말해 큰 소리로 말하며 열정적으로 일하는 모습, 늦게까지 고생하는 모습을 상사에게 확인시켜야 한다는 뜻이다. 이는 대면 중심의 문화가 만들어낸 겉치레 풍습이라고 봐야 하지 않을까. 가만 보면 겉치레로라도 상사의 눈에 띄려는 사람들의 속내는, 눈도장을 받지 못하면 평가에 불리하다는 인식이 깔린 것도 사실이다. 재택근무자들은 이런 분위기를 맞추지 못하고, 부서장이나 동료에게 일하는 과정을 보여주지 못하기 때문에 당연히 불리한 처지에 놓일 수밖에.

하다못해 대면문화는 출퇴근 모습에도 영향을 미친다. 어떤 사람들은 상사에게 인사하는 것을 절대 걸러서는 안 되는 매우 중요한 의식처럼 여기기도 한다. 상사나 부하직원이나 서로서로 예의 바른 사람이 일도 잘할 것이라고 생각하기 때문이다. 엄연히 직장은 일하는 곳이다. 그럼 일을 제대로 해내는 것이 우선이 되어야 하는 건 당연하다. 그런데 왜 이렇듯 의례적인 일에 치중해야만 하는 것일까? 내 나름대로 생각해 본 결과로는 그건 상사가 후배 사원에게 원하는 아웃풋이 명확하지 않기 때문인 듯하다. 그래서 갈피를 잡지 못하는 상사는 입만 열면 이러쿵저러쿵 예절만을 운운하는 것이다.

수평적 조직문화에서는 예절보다는 성과를 우선한다. 기사를 보니, 수평적 조직문화를 추구하는 모 기업은 출퇴근하면서 아예 인사조차 하지 않는 것을 규칙으로 내세웠다고 한다. 물론 제도가 바뀌고 근무 환경이 바뀐다고 해서 당장 진정한 수평적 조직문화가 실현되는 것은 아니다. 일하고 생각하는 방식은 그대로인데 단지 환경이 변했다고 해서 업무의 생산성이 향상되지는 않으니까 말이다. 일하는 방식의 변화를 가져올 수 있는 생각의 전환이 필수적일 수밖에 없다.

성과를 생각하는 조직과 그렇지 않은 조직은 말 한마디에서도 그 조직문화가 여실히 드러난다. 조직문화에 대한 큰 그림이 없는 중간관리자들은 상대의 의욕을 잃게 하는 말을 아무 생각 없이 마구 해버리기도 한다. 그도 그럴 것이, 큰 그림, 즉 목적과 방향을 모르면 발등에 떨어진 불을 *끄*기에만 급급하기 때문이다. 이런 조직은 시간이 흐를수록 해야 할 일이 명확하지 않은 탓에 상사가 퇴근해야 일이 끝나고, 서로 얼굴을 맞대고 눈치만 보는 실속 없는 조직으로 전락하기 십상이다.

그렇다고 해서 우리가 할 수 있는 일이 전혀 없는 것은 아니다. 중간관리자로서 자신이 속한 조직에서 수평적 조직문화 확산을 위해 할 수 있는 작은 실천이 있다. 이런 말을 습관화하면 어떨까?

"퇴근할 때 인사하지 말고 퇴근해."

"휴가 좀 써~"

그런가 하면 절대 해서는 안 되는 말도 있다.

"(회식) 저녁만 먹고 가."

"휴가 가서 뭐하려고?"

"승진해야지!"

3. 회의 문화는 조직문화의 바로미터다

모르긴 몰라도 직장인 중에는 이런 생각을 하는 사람이 꽤 있을 것이다. '회의만 하다 하루가 후딱 가버렸구나.'

한 조사에 따르면 직장인들은 평균 업무 시간 가운데 40% 이상을 회의에 할애한다고 한다. 그만큼 조직 문화에서 회의가 차지하는 비중이 큰 것이다. 그런데 직장생활의 많은 부분을 차지하는 회의 시간을 직장인들은 별로 좋아하지 않는 모양이다. 당신은 어떠한가?

실상 어떤 조직이라도 회의에 잠깐 참석해 보면 그 조직의 문화를 어림잡을 수 있다. 회의에서 오가는 대화 가운데 평상시 어떠한 방식으로 의사소통이 이루어지는지 고스란히 드러나니 말이다. 그러니 회의 문화는 조직 문화를 측정하는 바로미터인 셈이다.

말이 나온 김에 기업의 회의 문화를 잠깐 들여다보자.

어깨에 힘이 잔뜩 들어가고 짐짓 거만한 자세를 취한 팀장이 시종일관 목소리에 무게를 잡고 홀로 회의를 주도해나간다. 팀장은 나름 문제 해결의 물꼬를 트려고 진부한 대사를 날린다.

"뭐 더 좋은 생각 없어?"

이런 어색하고도 짓눌린 분위기에서 의견을 낸다는 것은 어느 정도 모험이 될 듯하다. 그도 그럴 것이, 용기를 끌어 모아 위험을 감수하고 발언한다 해도 그 의견이 윗사람에게 엉뚱한 소리라거나 시답잖은 아이디어라고 여겨지면 그대로 찍힐 테니 말이다. 더구나 서열을 중요시하는 데다 성격적 결함마저 있는 리더의 심기를 건드리기라도 하면 후폭풍이 더욱 거셀 수 있다. 그러니 가만있으면 중간이라도 가지 싶어 꼭 필요한 경우가 아니고서는 나서기를 꺼릴 수밖에. 어쩌면 실제로 의견을 냈다가 손해를 본 경험이 있는 사람도 더러 있을지 모르겠다. 이런 모습은 그야말로 창의적 조직 문화를 내세우면서도 '침묵은 금이다'라는 의식이 조직에 깊숙이 뿌리내린 결과물이라 하겠다. 정말로 나이와 직급을 떠나서 스스럼없이 질문하고 토론하는 회의 문화가 시급해 보이는 대목이 아닐 수 없다.

반면에 직원들의 창의력을 끌어내기 위해 독특한 조직 문화를 만들어낸 회사가 있다. 창의적인 조직 문화의 대명사라 불리는 디즈니의 자회사인 픽사가 바로 그 주인공이다. 픽사는 두서너 달에 한 번씩 제작진들이 모두 한 공간에 모여 제작 중인 작품을 평가하고 자유롭게 토론하는 그들만의 의견 공유 시스템인 일명 '브레인 트러스트'를 운영한다.

픽사의 한 직원은 말한다.

"작품을 만드는 동안 매일같이 회의를 합니다. 우리는 이 제도를 '브레인 트러스트'라 부르죠. 일반적으로 브레인스토밍이라고 하면 자유롭게 다양한 아이디어를 나누는 걸 목적으로 하지만, 작품을 만들기 위해서는 한 발 더 나아가 구체적으로 목표나 문제점을 파악하고 해결해 나가는 것이 매우 중요합니다. 그래서 우리는 특별한 원칙에 따라 운영하는 브레인스토밍 격인 '브레인 트러스트'를 운영합니다."

픽사의 '브레인 트러스트' 회의에는 몇 가지 원칙이 있다. 그중 하나가 솔직담백하게 이야기하는 것이다. 문제를 파악하고 해결하려면 '솔직하게'라는 의미가 매우 중요해지는 순간이기에 그러하다. 어찌 보면 회의에서 자신의 의견을 솔직히 말하지 못하는 가장 큰 이유는 누군가 내 의견을 필사적으로 반대하거나 아니면 뭐 그런 시답잖은 의견을 내냐고 조롱할지 모른다는 두려움 탓일 수도 있다. 픽사는 '솔직함'을 최우선 덕목으로 꼽는다 하니 걱정할 필요가 전혀 없을 듯하다. 직원들도 솔직함 없이 신뢰가 존재할 수 없고 신뢰 없이는 화합 자체가 불가능하므로 결국 '융합'이라는 목적은 이룰 수 없다고 생각한다. 그러니 회의를 주도하는 리더는 참석자들이 자기 생각을 허심탄회하게 제시하도록 배려해줌으로써 회의가 원만하게 이루어지도록 하고, 별다른 문제가 없는지 면밀히 파악하는 역할만 하면 된다. 리더도 조직 문화의 핵심은 서로의 생각과 아이디어를 융합하는 데 있다는 것을 누구보다 잘 알고 있기 때문이다. 이렇듯 자유로운 분위기를 타고 참석자들은 부담에서 벗어나 자연스레 너나없이 좋고 싫음을 당당하게 밝히고, 왜 그렇게 생각하는지에 대해 좀 더 심도 있게 서로 의견을 교환한다. 결과적으로 '브레인 트러스트'의 본래 목적인 융합을 통해 창의적인 결과를 끌어내는 것이다.

또한, 브레인 트러스트에 참여하는 멤버들은 모두가 나이와 직급을 떠나서 서로를 '동료'로 여긴다. 그래야만 눈치를 보지 않고 솔직하게 의견을 나눌 수 있기 때문이다. 사실 회의를 하다 보면 부드럽고 말랑말랑한 대화만 오갈 수는 없다. 때로는 진지하게 때로는 격하게 대화가 오가기도 한다. 이를 잘 아는 픽사 직원들은 논쟁은 하되 상대방에 대한 평가를 절대 하지 않는다는 규칙을 엄격히 지킨다. 예컨대 상대방 의견에 이의가 있으면 아이디어 자체에 대한 반론 제기를 적극적으로 하는 것은 가능하지만, 인신공격은 절대 하지 않는다. 그러면 설령 아무리 격한 대화가 오간다 하더라도 회의를 마친 후 서로 간에 마음을 상하는 일이 없는 것이다. 우리네 회의 문화와 비교하면 마치 별나라 이야기처럼 느껴지기도 한다. 사실 아무리 옳은 말을 하더라도 뭔가 거슬린다 싶으면 말하는 게 예의가 없다는 둥, 자세가 건방지다는 둥 본질보다는 비본질인 격식을 따지는 경우가 허다하니 말이다.

회의懷疑적인 조직 문화?

그런데 흥미로운 점은, 픽사도 애초에 이런 회의 문화를 가지고 있었던 건 아니라고 한다. 픽사의 수장 에드윈 캣멀이 초창기 리더였던 스티브 잡스에게 브레인 트러스트에 참가하지 않았으면 좋겠다고 제안했다는 것이다. 그 이유가 무척 눈길을 끈다. 깐깐하고 칼날같이 예리한 스티브 잡스와 한 공간에 있게 되면 부하 직원들이 회의는 고사하고 숨도 제대로 못 쉴 것 같았기 때문이었다고 한다. 다행히 스티브 잡스는 흔쾌히 수락했고 이후로 단 한 번도 회의에 참여한 적이 없었다.

최근 글로벌 선진 기업들이 서구의 기업 문화를 벤치마킹하려는 시도가 늘고 있다. 물론 진실로 벤치마킹해야 할 것은 그들의 '외형'이 아니라 그 외형 속에 숨어 있는 '사상'이다. 나는 기업의 성과는 개인 하나하나가 아니라 조직 문화의 영향이 크다고 생각한다. 특히 회의 문화는 내부 구성원의 의견을 활용하고 조직을 활성화하는 통로 역할을 한다. 나아가 기업 경쟁력을 가늠하는 잣대가 되기도 하고, 효과적인 회의를 통해 직원 모두가 열정적으로 참여하는 조직 문화가 이루어지기도 한다. 하지만 우스갯소리로 직장인은 회의에 대해서 회의懷疑적이라 여긴다고 말한다. 시간만 소모되고 효율적으로 회의가 운영되고 있지 않기에 그러하다. 이것은 조직에 맞는 회의 문화가 구축되지 않았거나, 설령 구축됐더라도 캠페인성 구호만 남발하기 때문은 아닐까 싶다.

그러면 어떻게 해야 수평적 회의 문화를 이루고 지속 발전시킬 수 있을까? 무엇보다 최고 경영층의 강력한 의지가 우선되어야 한다. 그렇다고 해서 중간 관리자들의 노력이 필요 없다는 얘기는 아니다. 중간 관리자들도 조직 문화를 바꾸겠다는 의지, 서로 존중하는 마음, 기다려줄 수 있는 인내, 그리고 조직 문화에 대한 큰 그림을 그려야 한다. 즉시 눈에 띄는 변화가 일어나지는 않겠지만, 시간이 흐르면서 차츰 소규모 파트 단위의 문화부터 변화가 시작될 것이다. 직급과 나이를 떠나서 오직 성과만을 생각하면서 일할 수 있는 환경이 조성되니까. 한편 윗선은 부하 직원에게 과감하게 권한을 위임하고 참을성 있게 기다리면서 지속적으로 성과 목표를 명확하게 제시하면 될 터이다.

수평적 회의 문화가 정착하기까지는 다소 시간이 필요할 듯하다. 그러나 정착되는 과정에서 각 조직에 맞는 회의 문화를 구축하게 되면 조직 내에 개방과 신뢰를 바탕으로 한 소통 공간이 이루어질 것이다. 단순히 업무문제 해결이나 의무감 차원을 넘어 회의 자체에 흥미가 일게 되고 소통의 활성화를 바탕으로 직급의 벽을 깨고 아이디어 교류가 활성화될 것이다. 나아가 부서 간 협력의 조직 문화가 강화되고, 경쟁보다는 동료 간, 팀 간 협력을 조직의 핵심가치로 인식하게 될 것이다. 그러면 이를 바탕으로 자신만의 일하는 방식을 찾아내어 조직 목표도 수월하게 달성할 수 있을 것이다.

만일 조직 문화를 혁신하고자 한다면 무엇보다 회의 문화에 대한 의식 전환과 회의 문화의 개선이 시급하다고 생각한다. 회의 문화가 우리 조직의 문화의 반영이기 때문이다. 회의만 잘해도 업무 시간을 단축할 수 있고 창의성을 이끌어내는 등, 두 마리 토끼를 한 번에 잡는 효과를 볼 수 있으니 말이다.

4. 후배들의 성장을 가로막는 상사의 열심

직장생활 20년이 되던 어느 날 예고도 없이 번아웃이 찾아왔다. 정말 꿈에도 생각지 못한 사건이었다. 그동안 견디지 못할 스트레스가 있다거나 어디가 심각하게 아픈 적이 별로 없었기 때문이다. 다만 조금 신경에 거슬리는 것이 있다면 수시로 머리를 비롯해 온몸이 가렵고 가끔 얼굴에 뾰루지가 난다는 정도였을까. 난 이런 증상이 번아웃과는 다른 차원, 그러니까 체질상 피부가 워낙 안 좋아서 그러는 거라고만 여겼다. 번아웃이라고 하면 갑자기 아파서 쓰러지는 뭐 그런 종류라는 선입견 아닌 선입견을 품고 있었던 모양이다.

아무튼, 마치 일 탓에 울화병에라도 걸린 사람마냥 컴퓨터 앞에 앉아 있기만 하면 속에서부터 불덩이 같은 것이 거대한 파도처럼 치밀어 올라 삽시간에 얼굴이 시뻘겋게 달아오르는 증상이 온종일 나타났다. 아니, 얼굴뿐 아니라 온몸이 뜨거워 견딜 수가 없을 정도였다.

병원에 갔더니 의사 선생님 왈, 스트레스가 쌓이고 쌓여서 마침내 몸이 견딜 수 있는 한계를 넘어섰단다. 그러니 당분간 충분한 휴식과 운동을 병행하여 몸을 다스리라고 하였다. 땅이 꺼져라 한숨만 나왔다. 중간 관리자로서 후배들에게 모범이 되려고 남보다 일찍 출근하고 늦게 퇴근하려 애쓰며 그저 성실하게 살아왔을 뿐인데 번아웃이라니……. 의사의 진단은 마른하늘에 날벼락 같은 소리였다.

하는 수 없이 의사의 말에 따르기로 했다. 일도 일이지만 남부끄러울 정도로 얼굴빛이 말이 아닌 데다 여기저기서 우려하는 통에 이러다가는 당장에라도 직장을 그만둬야 할 것 같은 위기감마저 느껴졌다. 일을 대폭 줄이기로 했다. 그런데 한 가지 문제가 있었다. 내가 없으면 일이 제대로 돌아갈까 하는 노파심에 도저히 후배 사원들에게 일을 맡길 수가 없는 것이었다. 그러고 보니 남에게 일을 맡길라치면 항상 불안해하며 안절부절못했던 나였다. 여태껏 몰랐는데 내게 완벽주의 성향이 있었던 것이다. 그러나 어쩌겠나, 뾰족한 수가 없는데.

그렇게 후배들에게 일을 맡긴 지 6개월이 지났을까. 우려가 착각임이 여실히 드러났다. 내가 껴안고 있던 일의 많은 부분을 맡았던 후배들은 기대 이상으로 선전했다. 아, 저리도 일을 잘하는 후배들을 그동안 왜 믿지 못했단 말인가! 그랬다. 결과적으로 봤을 때 난 후배들의 성장을 가로막고 있던 상사였다.

후배들은 점차 누가 시키지 않아도 스스로 책임감을 느끼고 일하는 모습을 보였다. 게다가 성취감도 느끼는 듯했다. 이 일을 계기로 얻은 교훈은, 스스로 책임을 느낄 때 성장을 포함한 눈부신

성과를 이뤄낸다는 사실이었다. 그리고 그것을 믿기에 몸이 회복된 지금도 될 수 있는 대로 내가 맡았던 일의 많은 부분을 후배들에게 위임하고 있다.

선배들이여, 참견하지 말고 후배에게 맡겨라

권한위임에 대해 고민하는 리더들은 보스턴 필하모닉 오케스트라의 지휘자 벤 젠더의 말에 귀 기울일 필요가 있다.

"오케스트라의 지휘자는 정작 자신은 아무런 소리도 내지 않습니다. 그는 다른 이들이 얼마나 소리를 잘 내는가에 따라 능력을 평가받습니다. 다른 이들 속에 잠자고 있는 가능성을 깨워서 꽃피우게 해주는 것이 바로 리더십 아니겠습니까?"

리더십이란 무엇인지에 대해 여러 모로 생각하게 하는 말이다. 다만 권한을 무조건 부여하기만 하면 후배 사원이 책임감을 느끼고 일하게 되는 것은 아니기에, 위임이라는 전제 조건이 동반해야 한다고 본다. 전제 조건이란 바로 이런 것이다.

첫 번째, 정보 제공을 전제로 한다.

리더 자신이 확보한 정보를 통해 일의 진행 상황을 알듯이 후배 사원들에게도 정보를 제공해줘야 한다. 대개 정보가 한정되면 자기가 아는 것에만 집중할 수밖에 없기 때문이다. 큰 그림을 볼 수 없으면 당연히 리더만큼 임무를 수행하기 어렵다. 그러나 다양한 정보를 제공해 주면 후배 사원은 빠르게 목표에 적응하고, 새로운 아이디어를 만들어내고, 곧바로 조직에 적용하고, 동료들과 적극적으로 소통하게 된다.

 두 번째, 때에 따라서는 커뮤니케이션 채널을 만들어 준다.
 한마디로 후배가 직접 정보를 받게끔 도와주라는 말이다. 후배에게 권한을 위임해 준 사람이 아닌, 그보다 더 윗선에 직접 보고를 하고 지시도 받을 수 있도록 실질적 권한을 확보해 주어야 한다. 권한을 위임한다고 하면서 보고체계가 전과 다름없다면 말로만 위임하는 것이나 마찬가지 아니겠는가.

 세 번째, 사람에게 투자한다.
 무엇보다 직원들은 자신이 존중받고 있다는 느낌이 들면 자존감이 높아지고 직장생활에 만족하게 되며 나아가 창의성도 발현한다. 이를 생각하여 상사들은 오랫동안 쌓아온 노하우를 혼자서만 쥐고 있으려 하지 말고 후배들에게도 알려주었으면 좋겠다. 사실 후배들은 기획이 완벽히 된 상태에서 실행만 하고 있다고 봐도 무관하다. 이 상태에선 새로운 일이 닥치면 어려워할 수밖에 없다. 상사는 후배들이 새로운 일이 닥치더라도 어려움 없이 과제를 처리하도록 경험을 쌓을 기회를 주면 어떨까 한다. 여기서 경험을 쌓게 해준다는 의미는 기회를 주라는 뜻이고, 상사가 이러쿵저러쿵 참견하지 말라는 얘기가 되겠다. 그리고 혼자서 하나의 일을 처음부터 끝까지 처리하도록 해주어야 한다는 뜻이기도 하다. 상사에게는 아직 고기 잡는 방법에 익숙지 않은 후배들의 부족하고 실수투성이 모습만 눈에 띌 수 있다. 하지만 조급한 마음을 내려놓고 얼마간 기다리면 눈에 띄게 성장하는 모습이 나타날 것이다. 아울러 후배들이 조직의 일원으로서 소속감이 무엇인지도 알게 된다.

자, 그럼 이런 의문을 제기할 수도 있겠다. 리더가 이렇듯 일을 다 넘겨버리면 도대체 무슨 일을 해야 할까? 리더는 더 큰일 내지는 새로운 인사이트를 만들어 나가야 한다. 일에도 상위레벨이 있다. 눈앞에 닥친 문제 외에 앞으로 어떤 일들이 발생할지에 대한 예측, 창의적 성과를 내기 위한 조직 문화의 변화, 일하는 방식의 개선 같은 일들 말이다.

나는 번아웃이 되어 마지못해 후배들에게 일을 위임한 경우다. 그래도 다행히 나 아니면 일이 안 된다는 허무맹랑한 생각을 버리게 되는 뜻 깊은 경험을 했다. 가만히 조직을 들여다보면, 실제로 자신을 주인공쯤으로 생각하고 다른 사람을 들러리로 보는 상사가 수두룩하다. 어떤 상사는 후배 사원 보기를 자신의 승진 도구쯤으로 여기기도 한다. 이들은 조직이 돌아가고 일이 진행되는 상황 전부를 혼자만 알려 하는 탓에 후배 사원들을 그저 시키는 대로만 일하는 로봇으로 만들어 버리곤 한다. 그뿐이 아니다. 일이제 생각대로 안 돌아가면 수시로 후배 사원들을 하나하나 불러다 잔소리를 해대기도 한다. 이런 행동은 소탐대실의 결과를 불러올 수 있다.

한 예로 과거에 어떤 상사는 일을 빼어나게 잘해서 윗선에서 그를 굉장히 높이 평가했다. 그러나 후배 사원들의 평가는 아주 나빴다. 그는 날마다 후배 사원들을 쥐 잡듯이 잡았고 거래처 사람들마저도 안하무인격으로 대하기 일쑤였다. 거기다 혹여 동료들이 윗선의 눈에 띄기라도 할까 봐선지 언제나 가자미눈을 뜨고 혼자서만 정보를 잔뜩 쥐고 있었다. 아마도 그는 그것이 경쟁력이라 여겼던 것 같다. 그러니 주위에 적을 잔뜩 만들 수밖에…. 결국, 그는 롱런하지 못하고 중도에 하차하는 결과를 맞았다. 사람들은 그가 안 됐다는 생각보다는 오히려 내심 쌤통이라고 느끼는 듯했고, 실제로 그렇게 말하는 사람도 있었다.

후배 사원들은 자기에게 함부로 대하고 안하무인격인 상사를 두면 대강 비위를 맞추기는 하지만 내심 적잖이 증오한다. 그러면서 자신은 나중에 절대로 그리되지 않으리라 다짐하고 또 다짐한다. 하지만 안타깝게도 결과는 오십보백보일 가능성이 크다. 왜냐하면, 사람은 본 대로 들은 대로 행동할 가능성이 다분하기 때문이다. 혹 마음에 안 드는 상사가 있다면 그 사람을 거울삼아 늘 자신의 행동을 점검해야 할 필요가 여기에 있다.

무엇보다도 내가 주인공이라는 생각보다는 모두가 주인공이라고 생각하면 좋을 것 같다. 아울러 상사는 후배 사원들의 성장을, 후배 사원들은 동료들의 성장을 가로막지 말아야 할 것이다. 우리가 무엇을 어떻게 행하든 그건 개인의 자유다. 하지만 내 행동은 언젠가 부메랑이 되어 다시 나에게 돌아올 수 있다는 사실을 기억했으면 좋겠다.

5. 앗, 경쟁의 관점을 바꾸니 방향이 달라지네

후배 사원과 이야기할 때 될 수 있는 대로 다른 사람과 비교하지 않으려고 애쓴다. 다른 사람과 비교 당하는 것만큼 기분 상하는 일은 없다고 생각하기 때문이다. 회사 입장에선 성장을 목표로 서로 경쟁시키는 구조를 취하므로 사원들을 능력에 따라 일렬로 세우는 것이 아무렇지 않을지도 모르겠다. 하지만 장기적으로 봤을 때 비교우위는 그다지 효과가 없을 뿐더러 좋은 평가만 추구하다 보면 내실 없이 겉만 번지르르해질 가능성도 없지 않아 있다. 그리고 무엇보다 후배들이 평가라는 부담에서 벗어나 스스로 성장해 갔으면 하는 바람도 있다. 자신의 성장을 추구해가다 보면 내면의 성장과 더불어 때가 되면 좋은 평가라는 열매가 맺히리라 보기에 그러하다.

진정 성장하고자 하는 마음이 있다면 다른 사람보다 더 좋은 평가를 받아야 한다는 식의 결과 지향적 관점을 가질 필요는 없다. 그보다는 올해도 작년보다 더 성장했는지, 더 스마트하게 일하고 있는지와 같은 과정을 중시하는 관점을 취하는 것이 훨씬 생산적이다. 그런 생산적인 관점을 부르기 위해서 무엇이 우선되어야 할까? 무엇보다 상대적 경쟁의 틀에서 벗어나야 한다. 바꿔 말해 지금 다른 사람들에 비해 능력이나 성과 면에서 다소 뒤처진다 할지라도 지속해서 성장하고 있다면 괜찮다고 생각하는 것이다. 성장 자체에 관심을 두면 된다는 소리다.

경쟁의 사전적 의미는 같은 목적 아래 이기거나 앞서려고 서로 겨루는 것이다. 그런데 문제는 한정된 무언가를 얻기 위해 다수가 경쟁하다 보면 때로는 '너 죽고 나 살자'는 식으로 싸우기 십상이다. 경쟁을 통해 승자와 패자가 나오는 것이 경쟁이 지닌 기본 속성이니 말이다. 하지만 경쟁을 이런 식으로만 해석하다 보면 나보다 일 잘하는 친구를 앞질러야만 직성이 풀리고, 동료가 실수해야만 내가 앞서간다고 생각하게 된다. 결국, 기존의 경쟁 구도에서는 남의 불행이 곧 나의 행복이 되는 논리로까지 비약한다.

나는 해외 파견 근무를 하면서 수많은 임원을 보아왔다. 그들은 직원들이 다 인정하고 모두가 되고 싶어 하는 성공 케이스들이었다. 그러던 어느 날 불행히도 그중 한 임원이 스스로 목숨을 끊는 일이 일어났다. 나는 적잖이 충격을 받았다. 한두 번 그를 만난 적이 있었는데, 신사적이면서도 다정다감하고 그늘이 전혀 없는 사람으로 보였기 때문이다. 나중에 알고 보니 재산까지 상당한 사람이었다. 그러니 더더욱 이해할 수 없을 수밖에. 항간엔 실적이 좋지 않은 상황을 견디지 못했던 거라는 얘기가 떠돌기도 했다.

정확한 이유야 어떻든 간에 실패하지 않고 승승장구하는 것이 그리 좋은 일만은 아니라는 생각이 들었다. 그리고 우리 사회가 사람들 마음 어디에도 실패를 받아들일 여유를 만들지 못하도록 성공 불패와 비뚤어진 경쟁의식만을 불어넣고 있는 건 아닌지, 그래서 우리는 다른 사람이 내가 올라갈 자리에 앉아 있다고 느끼면 견딜 수 없는 것 아닌지 말이다.

앞서 말했듯이 경쟁을 자신의 성장의 관점에서 바라보았으면 좋겠다. 경쟁의 대상을 다른 사람이 아닌 이전의 나로 바꾸어야 한다. 작년 내지는 어제의 나와 비교해서 성장하고 있는지 평가해보라는 말이다. 남들보다 잘해야 한다는 강박관념에서 벗어나 성장하는 자신의 모습에 집중하다 보면 그야말로 비교할 수 없는 행복이 찾아온다. 나아가 동료들과 비교하지 않기에 스스로에 대한 만족감이 높아지는 것은 물론 자신의 부족함도 바라볼 수 있으므로 언제나 겸손한 자세를 취할 수 있다.

경쟁의 관점을 바꾸는 생각들

첫째, 넘버원이 아닌 온리원*Only One*으로 경쟁한다.

어디나 일을 잘하는 사람이 있으면 그렇지 못한 사람도 있다. 그 결과 잘하는 사람은 좋은 평가를, 그렇지 못한 사람은 본인의 기대에도 미치지 못하는 평가를 받곤 한다. 이것은 기존의 '넘버원'을 소중하게 여기는 수직적 조직 문화에서의 평가 기준이다. 그러니까 평가 기준이 오직 '일'이라고 보면 된다. 하지만 앞으로 다가올 수평적 조직 문화에서는 단순히 일을 잘하고 못하고의 개념뿐만이 아니라 온리원의 개념이 추가되고 확대될 것이라고 예상한다. 시대가 그것을 요구할 것이기 때문이다. 그렇다면 개인의 개성이 존중받는 온리원의 요구에 발맞춰 우리가 해야 할 일은 무엇일까?

무엇보다 자신의 강점을 찾아야 한다. 예컨대 업무에 있어 내가 잘할 수 있는 일은 무엇인가? 그리고 다른 사람이 가지지 못한 나만의 차별화된 점은 무엇인가? 등등 자신에게 질문을 던져보자. 남보다 잘하려는 마음을 내려놓고 '다름'으로 경쟁하는 것이다. 일등을 향해서 아등바등 가려다 보면 끝내는 지치고 피폐해질 수밖에 없다. 사실 그렇다. 어찌 보면 행복과 불행은 종이 한 장 차이일 수 있다. 상황은 변하지 않지만, 생각은 바꿀 수 있다는 말이다. 다시 말하면 남들보다 뛰어나긴 어렵지만, 다르게 일하는 건 누구나 할 수 있다. 어차피 하는 일이라면 신명 나게 일하는 것이 바람직하지 않겠는가.

둘째, 성장이라는 목적과 경쟁한다.

직장인이라면 누구나 곁에서 일하는 동료보다 더 좋은 평가를 받고 싶을 것이다. 다들 겉으로 웃고 있지만 실상 속내는 그렇지 않다. 평가 시즌이 되면 경쟁의식은 매우 치열해진다. 모두가 잘한다고 해도 모두가 다 좋은 평가를 받을 수 없기에 스트레스를 받는 것은 어쩔 수 없다. 그렇다고 속내를 드러낼 수도 없다. 더구나 일을 잘하는 후배가 있으면 자존심도 상하기 일쑤다. 이렇듯 스트레스에 짓눌릴 때는 아예 경쟁의 관점을 바꿔 남을 넘어서는 것 말고 스스로 더 성장하는 데 진정한 경쟁의 목적을 두는 것은 어떨까? 혹 후배 사원보다 일을 못하면 뭐 어떠한가. 물론 자존심이 상할 것이다. 하지만 성장한다는 측면에서 후배에게도 배울 수 있다고 생각하면 상황은 역전될 수 있다.

　실은 나도 몇 년 전, 해외에서 돌아와 예상치 못하게 새로운 부서에 배치되는 바람에 후배한테 잠시 일을 배운 적이 있었다. 처음엔 몹시 기분이 상했었다. 그렇지만 곧 마음을 바꿔 나의 성장을 위해서라면 못할 것도 없는 일이라 여기기로 했다. 덕분에 지금 나는 직급이 부장이지만 부서에서 여느 후배들 못지않은 실무 실력을 갖추게 되었다. 그리고 그게 바로 내 경쟁력이라고 자신 있게 말하고 다닌다. 어찌됐든 자신을 남과의 경쟁 속으로 깊숙이 밀어 넣다 보면 결코 지속 가능한 성장을 이루기 어렵다. 매일매일 성장하는 데 목적을 두고 누구도 따라올 수 없는 나만의 특기를 찾아야 하는 이유가 여기에 있다.

　셋째, 일에 의미를 부여하라.

즐거운 직장생활을 위해서라면 자신이 하는 일에서 의미를 찾는 것은 매우 중요하다. 실제로 직장생활에서 힘들고 지치는 이유 중 하나는 일에서 의미를 찾지 못하기 때문일 것이다. 만일 그렇다면 재미없고 어려운 일일수록 목적이 무엇인지 본질을 꿰뚫은 다음 왜 그 일이 회사 차원에서나 자신에게 중요한지 파악해 보기 바란다. 깊이 성찰하다 보면 의미가 새로이 발견되고 올바른 경쟁기준도 확립할 수 있다. 예컨대 회계 팀에 속해 매일 수많은 엑셀 시트에 수열 정리만 반복하는 일을 하더라도 5년 뒤, 똑같은 일을 되풀이하는 단순 근로자가 될지, 아니면 엑셀을 최고로 잘 다루고 숫자에 통달한 회계 전문가가 될지는 자신이 생각하는 일의 의미에 따라 달라진다. 혹시라도 일에 의미가 느껴지는 순간이 온다면 최고가 되기 위해 뭘 더 해야 할지 끊임없이 찾아갈 수 있다.

위대한 역사는 모두 자기 관리에 철저하고 잘못된 행동과 습관을 올바르게 바꾸고자 부단히 노력한 사람들이 이뤄냈다고 해도 지나치지 않다. 우리도 세계사적으로 위대한 역사까지는 아니더라도 나만의 위대한 역사를 이루어낼 수는 있다. 과거의 나로부터 벗어나 날마다 성장하려면 지속해서 배우고자 하는 도전의식이 식지 않아야 한다. 그렇지 않고서는 이전과 다른 모습으로 성장하기 어렵기 때문이다.

사실 일을 잘하는 사람이 끊임없이 개선점을 찾으려고 고민한다. 반면 그렇지 못한 사람은 최고의 성과를 원하면서도 공부는 하지 않고 경험에만 의존하는 경향이 있다. 경험과 전문 지식에는 분명한 차이가 있는데도 말이다. 이런 사실을 알면서도 우리는 일을 함에 있어 무엇을 배워야 하고, 어떻게 하면 그 일에 달인이 될 수 있을지 등에 대한 답을 찾는 노력을 등한시하고 있는 것은 아닐까?

일에서 의미를 찾는 사람이 결국에는 승리하게 되어 있고, 자신의 가치를 지향하는 사람이 치열한 경쟁의 덫에 걸리지 않고 자유로이 앞으로 걸어갈 수 있다. 그리고 그런 사람에게선 긍정적인 기운이 샘솟듯 뿜어져 함께 일하고자 하는 동료들로 늘 주위가 북적거리게 될 것이다.

6. 보고서 초안은 쓰레기다

"이건 너무 산만해. 차라리 소설을 쓰지 그래. 초등학생도 이 정
도는 쓰겠다."

열심히 작성한 보고서를 들고 갔을 때 상사는 칭찬보다는 이렇
게 잔소리를 쏘아대는 경우가 다반사다. 하긴 뭐, 이 정도 잔소리
는 기본이라고 할 수도 있겠다. 신입사원 시절 상사한테서 똥인
지 된장인지 구분도 못한다부터 시작해 심지어 공돌이라는 소리
까지 들은 적도 있으니까. 아아, 공돌이라는 말을 듣는 순간 어찌
나 자존심이 상하고 울화가 치밀어 오르던지, 상사 얼굴에 주먹
을 한 방 날리고 싶은 것을 가까스로 참아내야 했다. 글쎄, 요즘
은 어떤지 모르겠다. 부디 바라건대 이런 비인격적이고 몰상식한
상사가 내 주변엔 없기를.

참, 최근에 와서 안 사실로, 애초에 상사 입맛에 맞는 보고서는
없다는 것이다. 다시 말하면 상사에게도 별다른 아이디어가 없다
는 뜻이다. 그렇다면, 정말로 이것이 진실이라면, 왜 상사는 후배
사원이 작성한 보고서를 보고 이러쿵저러쿵 지적하는 것일까?
그건 아마도 일일이 지적하고 참견해야 자신의 존재감이 드러난
다고 여기기 때문일 터다.

아무튼, 신입사원 시절 보고서 하나를 제대로 쓰지 못할 만큼 어리바리하던 내가 어느덧 일에 능숙해져 가더니 마침내 보고서 하나는 잘 쓴다는 칭찬을 듣게 되었다. 특히 주재원 시절 빛을 발했는데, 한번은 이런 일이 있었다. 한국에 있는 한 임원이 일본 경쟁사에 대한 정보를 몹시 알고 싶어 했다. 임원의 부탁이라 성심껏 해결해주고 싶었으나 아무리 일본 현지에 나가 있는 주재원이라 할지라도 경쟁사에 대한 내부 정보를 세세히 알 수는 없었다. 그래도 거절하기는 뭐하고 궁금증을 얼마쯤이라도 해결해 주고자, 아는 정보들을 이렇게 저렇게 가공해 보고서를 작성해서 보냈다.

얼마 있으려니 전혀 예상치 못한 피드백이 오기 시작했다. 본사에 있는 여러 부서에서 도대체 이런 정보를 어디서 입수했냐며 관심을 보이는 거였다. 솔직히 내가 작성한 보고서가 완벽한 데이터는 아니었다. 이미 공개된 정보들을 새로이 정리하고 내 추측을 덧붙여 만든 것이었다. 다만 보고서에는 아무도 검증할 수 없지만 누구 하나 토를 달 수 없는 그럴듯한 논리가 들어 있긴 했다. 내 보고서의 가치는 데이터가 아니라 논리에 있었던 것이다. 그나저나 주재원 시절 이와 비슷한 경험을 여러 번 하면서 자타공인 보고서 실력자로 인식되었고, 잘된 건지 모르겠지만 본사에 있는 윗선에도 눈도장이 찍힌 덕분에 지금 일하는 부서로 오게 되었다. 그리고 지금도 보고서 쓰는 일을 멈추지 않고 있다. 이 경험을 살려서 보고서 작성에 관한 팁을 알려주려 한다. 혹 수십 년에 걸쳐 보고서를 작성하면서 경험한 나만의 보고서 작성 노하우를 알고 싶다면 '상사의 마음을 사로잡는 보고서, 룩앤필'에 자세한 사항을 정리해 놓았으니 참고하기 바란다.

첫째, 보고서 초안은 창작이다.

특히 자료를 만드는 실무자라면 보고서 초안은 창작을 통한 결과물이라는 생각을 염두에 두었으면 한다. 초안만 만들어지면 그 이후 작업은 편집 과정인지라 누구나 쉽게 할 수 있다. 백지상태에서 초안을 만들어내는 것이 어려운 일이지 편집 과정은 그리 어렵지 않다. 게다가 근본적으로 초안이 있어야 일이 시작된다는 건 누구나 알 것이다. 그런 측면에서 본다면 초안 작성 과정이 전체 작업의 80%를 차지한다고 해도 무리가 없다. 실제로 한 번이라도 자료를 만들어 본 사람이라면 초안이 얼마나 중요한지, 또 그 과정에서 얼마나 많은 에너지를 쏟아내야 하는지 알 것이다.

그렇다고 해서 편집이 별로 중요하지 않다는 의미는 아니다. 편집도 매우 중요하다. 오랜 경험과 기술이 쌓여야 가능한 작업

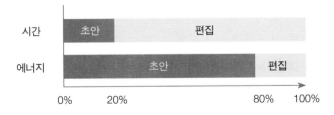

임이 틀림없다. 상사들이 편집 기술에 능숙한 이유가 바로 이것이다. 그러니 상사들이 초안을 만들고 편집까지 하면 최고다. 그러나 현실에서는 후배들이 초안을 만들게 되어 있다. 이런 상황에서 보고서를 작성하는 후배 사원에게 당부할 말은, 상사의 피드백 하나하나에 신경 쓰지 말라는 것이다. 조금이라도 부담을 느끼면 창의성을 발휘하지 못하고 쓸모없는 초안을 작성하게 되니 말이다. 때로는 누구의 말에 귀를 기울이기보다는 자기 생각을 고집할 필요도 있다.

둘째, 초안은 쓰레기다.

나는 보고서 초안은 쓰레기를 만드는 작업이라고 자주 말한다. 보고서 초안이 쓰레기라고? 여기서 쓰레기의 의미는 무얼 만들건 처음에는 형편없는 자료가 나오기 십상이란 말이다. 어찌 보면 그것은 지극히 정상이라 할 수 있다. 그러니 상사들은 보고서 초안, 즉 쓰레기를 쓰레기라고 말할 필요가 없는 것이다. 혹 쓰레기가 나오는 게 지극히 정상인 줄 모르고 쓰레기를 만들었다고 짜증내는 상사가 있다면 그냥 실무를 모르려니 하고 아무렇지 않게 받아넘기면 되겠다.

이렇게 초안을 쓰레기라고 여긴다면 처음부터 완성도에 심혈을 기울일 필요도 없다. 대신 내용에 신경을 쓰며 자신만의 초안을 많이 만들어 보기를 권한다. 맨 처음 완성한 초안을 두고 양파

껍질을 벗기듯이 하나하나 검토해보고 수정을 가한다. 이 과정을 여러 번 거치다 보면 마침내 상사에게도 보여줄 수 있는 제대로 된 보고서 초안이 완성될 것이다.

한 가지 팁을 준다면, 혼자서 고민한다고 완성도 높은 초안이 나오는 것은 아니다. 집단 지성이라는 말도 있지 않은가. 서로서로 아이디어를 주고받으며 보완해주면 더 좋은 결과를 얻을 수 있다. 편한 동료에게 자신이 만든 보고서 초안을 봐달라고 해도 좋다. 반짝 아이디어를 끌어내려면 많이 움직이고 많이 보고 많이 듣는 것이 최고가 아닌가 한다. 아울러 딱딱한 회의 방식이 아니더라도 관련자들이 얼굴을 맞대고 창의적 아이디어를 내 봐도 어떨까 싶다. 장기를 둘 때 옆에서 훈수 두는 사람이 더 잘 보는 경우가 있듯이, 당신의 보고서에 훈수를 두어달라고 요청해서 여러 사람이 보고 이야기하다 보면 더 나은 아이디어가 떠오르게 될 것이다.

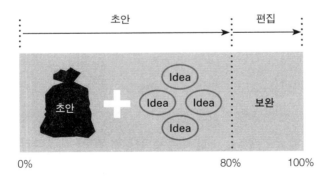

1. 즐기는 직장인이 롱런한다

얼마 전, SNS를 통해 『문학은 노래다』라는 제목의 책을 쓴 제갈인철 씨를 알게 되었다. 제갈인철 씨는 책을 노래로 소개하는 '제1호 북 뮤지션'으로 활동하고 있다. 그가 이 일을 하게 된 동기는 이렇다. 처음에 책을 읽고 난 후, 재미 삼아 그 느낌을 노래로 만들어 SNS에 올리기 시작했다. 그런데 뜻밖의 반응이 나타났다. 팔로워들 사이에서 "노래를 들으니 책을 읽고 싶다."라는 폭발적인 반응이 일어난 거였다. 얼마 후, 그는 팔로워들의 열띤 호응에 힘입어 음악을 만드는 일에 본격적으로 뛰어들었다.

다수가 그의 음악에 주목했고 지금도 그러하다. 하지만 나는 남들 눈에 띄지 않는 흥미로운 면을 주목했다. 그건 바로 그가 지금도 직장인이라는 사실이다. 대중에게 인기를 얻었으면 아예 직장을 그만두고 취미를 본업으로 삼기 마련 아닌가. 하지만 그는 정반대의 길, 그러니까 직장을 그만두기는커녕 오히려 예전보다 더 열심히, 그리고 즐겁게 일하고 있다. 그러면서 취미 때문에 회사생활이 무척 활기차다고 힘주어 말한다. 꿈은 그저 꿈일 때 아름답다고도 덧붙였다. 그의 고백을 직접 들어보자.

"주변에 오로지 예술만 하는 친구들이 있는데, 그들을 보면 현실감각이 조금 떨어지는 것 같기도 해요. 내 생각으론 일단 예술을 하려면 대중이 공감할 수 있는 보편적이면서도 생생한 그 어떤 것이 필요하다고 봅니다. 그런데 예술만 하는 친구들은 그러한 재료가 풍부하지 못할 뿐더러 쉽사리 고갈되기도 하지요."

그럴 듯한 얘기다. 그도 그럴 것이, 예술인에게는 예술 그 자체가 생계수단이 된다. 예술인들이 돈에 구애받지 않고 오직 예술에만 전념할 수 있다면 얼마나 좋겠는가마는, 현실은 그리 녹록치 않다. 실로 많은 예술인이 하루하루 생계에 쫓기며 각박한 삶을 살아간다. 그 탓에 본인이 진정으로 원하는 예술의 순수성을 추구하기란 몹시도 어려운 게 또한 현실이다. 아니, 예술은 둘째 치고 먹고사는 문제가 발등에 떨어진 불과 같아서 그 문제를 해결하기에도 급급하다고 하겠다. 물론 모든 예술인이 다 그런 건 아니다. 경제적으로 풍족함을 누리는 예술인들도 있다. 이들은 예술의 순수성을 추구하며 한껏 창작 활동에만 전념할 수 있다.

그러나 놓치지 말아야 할 것은, 이들은 대중의 삶과 동떨어진 면이 없지 않아 있어 삶의 현장에서 묻어나는 진솔하고 풍부한 감성을 살려내지 못할 수도 있다는 점이다. 물론 생각하기 나름이다. 그럴 수도 있고 아닐 수도 있다. 다시 그의 말을 들어보자.

"하지만 저는 다릅니다. 직장에 다니기 때문에 생활에서 끌어올 수 있는 무궁무진한 소재가 있습니다. 그래서 대중에게 쉽게 다가갈 수 있는 게 아닌가 싶어요. 더구나 예술만 하는 사람들과 달리 돈에 크게 구애받지 않아서 제 신념을 담은 예술을 밀어붙일 수 있죠. 어쨌거나 저는 죽을 때까지 일과 예술 활동을 병행할 겁니다. 노동이 주는 더없는 즐거움도 놓칠 수는 없지요."

이 말에 전적으로 동의한다. 독서를 좋아하고 작곡을 즐기는 그는 북 뮤지션이라는 새로운 직업을 만들어냈다. 만약 직장을 그만두고 북 뮤지션 활동에만 전념한다면 그토록 행복할 수 있을까? 글쎄다. 아무래도 직장이라는 든든한 버팀목이 있기에 이러한 행복이 가능하지 않았을까. 결과적으로 그는 직장이라는 버팀목을 의지해 꿈을 향해 힘차게 날갯짓을 한 것이다.

꿈은 창작을 동반한다

어떤 이들은 말한다.

"꿈은 나중에 회사를 그만두고 시간이 남을 때 도전해도 늦지 않습니다. 지금은 열심히 일할 때죠."

미안하지만 나는 이 말에 동의할 수 없다. 가만히 주위를 둘러보자. 정말로 은퇴하고 꿈에 도전하는 사람들이 많은가를. 내 눈엔 그렇게 보이지 않는다. 더구나 은퇴는 예고하고 찾아오지 않는다는 데에도 문제가 있다. 마음의 준비 없이 일만 하다가 은퇴를 맞이한 사람들은 심각한 문제에 직면하는 것이다. 이들은 갑작스레 남아도는 시간을 어찌할지 몰라 시쳇말로 멘붕상태에 빠지기도 한다. 하도 오랜 세월 일에만 파묻혀 살다 보니 하릴없이 보내는 시간에 익숙지 않은 탓이다. 과연 이들이 젊은 시절 은퇴 후 생활이나 꿈에 대해 생각해볼 여유가 있었을까……

하긴 멀리서 찾을 것도 없다. 직장 상사들을 보면 안쓰러운 적이 한두 번이 아니다. 내가 아는 어떤 상사는 나중에 은퇴하면 시간이 없어 못한 해외여행이라든지 등산, 부인과의 오붓한 시간 등 누려야 할 것들이 많다고 희망에 차서 말한다. 그것이 꿈이라고 강조한다. 흠~, 꿈에 대한 개념을 잘못 알고 있는 건 아닌지 모르겠다. 딴에는 은퇴했으니 그동안 해보지 못한 일을 차례로 해보는 것이 꿈이라 생각하는 모양이지만, 그건 꿈이 아니라 소일거리가 아닐까? 대개 사람들은 해외여행이라든지 등산이라든지 부인과의 오붓한 시간을 꿈이라고 말하지는 않는다. 이런 것들은 누구라도 맘만 먹으면 경험할 수 있는 지극히 평범한 삶의 일부이기 때문이다. 물론 여건상 불가능한 사람도 있겠지만 대개 그렇다는 얘기다.

뭐 어쨌거나 그래도 다행인 건 은퇴자에겐 남아도는 것이 시간이니 새로운 꿈을 찾을 기회는 아직 남아 있을 듯하다. 하지만 그마저도 한갓지게 시간을 누릴 수 있는 건 돈을 비축해둔 은퇴자들뿐이다. 경제적으로 여유가 없는 은퇴자들에겐 이런 생활은 그저 사치가 되겠다. 신문을 훑다 보면 은퇴해도 또 다른 일거리를 찾아 헤매야 하는 사람들이 넘쳐난다는 기사가 사회 일면에 대문짝만하게 나와 있다.

그러기에 되도록 직장에 있을 때 꿈에 도전하면 좋겠다. 자꾸 꿈 얘기를 언급하니 그 꿈이란 것이 거창한 무언가를 뜻하는 걸로 오해할 여지가 있으나, 내가 주장하는 꿈의 개념은 그리 거창한 것이 아니다. 우리는 꿈이라고 하면 돈도 많이 벌고 명예도 얻는, 누가 봐도 부러워 마지않는 폼 나는 것을 떠올리곤 한다. 하지만 진정한 꿈은 눈에 보이듯 외형적인 개념이 아닐뿐더러, 겉보기에 그럴싸한 꿈을 쫓다보면 유혈이 낭자한 무한경쟁 속에 파묻히게 된다.

내가 말하고 싶은 건 이렇다. 이 세상에 나와 똑같이 생긴 사람은 단 한 명도 없다. 하다못해 일란성 쌍둥이도 설핏 같아 보여도 찬찬히 뜯어보면 확연히 다르다는 걸 알 수 있다. 꿈도 그런 개념이다. 저마다 진정으로 하고 싶은 일, 그러니까 꿈이 다 같을 수 없다고 보는 것이다. 게다가 꿈이란 단순히 소모적인 활동이 아니라 창작을 수반하는 활동이 아닐까 한다. 바꿔 말하면 꿈을 통해 스스로가 계속해서 성장하고 발전해 나가야 한다는 뜻이다. 내 경우는 그것이 복화술이었다.

복화술은 창작을 수반하기에 다소 힘들다 해도 그만큼 보람이 느껴지기도 한다. 꿈이란 이렇듯 이루는 과정에서 끊임없이 배우고 연구하는 노력이 수반된다. 그러기에 꿈을 이뤄가는 사람들이 직장에서 롱런하는지도 모른다. 실제로 직장에서 롱런하는 사람들을 찬찬히 살펴보면 일만 열심히 하지 않는다. 변화와 새로움에 대한 지적 호기심이 풍부하고 공부가 생활화된 사람들이 많다는 걸 알 수 있다. 제갈인철 씨를 봐도 그렇다. 창작을 위해 끊임없이 독서하고 부지런히 글을 쓰며 늘 새로운 노래를 만들어내니 말이다. 그렇다고 그가 직장생활을 소홀히 하는 것도 아니다. 그는 직장에서 꽤 높은 직급에 있다고 하니, 일과 삶의 균형을 이루는 삶이 바로 이런 것 아닐까? 나는 당신도 그리될 수 있다고 확신한다. 실천은 의식의 변화에서부터 시작된다고 믿기에 그러하다. 아, 그러고 보니 이 글을 읽는 당신의 의식에 이미 변화의 바람이 이는 조짐이 느껴지는 것도 같다.

2. 나설 땐 과감하게

솔직히 말해 승진하고 싶지 않은 사람이 어디 있으랴. 너나없이 상사에게 자기의 존재감을 어필할 수만 있다면 어떻게든 기회를 잡고 싶을 것이다. 나도 그중 하나이지만 워낙 말주변이 없는 데다 무대 공포증까지 있어 설사 기회가 있다 하더라도 자신 있게 나서지 못하는 처지였다. 나와 달리 어떤 친구들은 회식 자리에서 넉살 좋게 상사나 임원에게 다가가 술을 술술 따라주기도 하고 한술 더 떠 농담까지 던지기도 한다. 아, 그런 친구들을 볼 때면 어찌나 부럽던지…….

과거엔 실제로 이리 호탕한 친구들이 승승장구하던 때가 있었다. 대인관계가 좋고 예의 바른 것도 실력이라 여기던 시절이 있었다는 얘기다. 글쎄, 지금은 어떤지 모르겠지만, 세상이 아무리 달라졌다 해도 변하지 않는 건 다름 아닌 상사에게 존재감을 드러내는 사람이 승진에 유리하다는 사실이다. 그렇다고 해서 시도 때도 없이 나선다고 될 일은 아니다. 존재감이 너무 강하면 오히려 상사나 동료들에게 부담스러운 존재로 찍힐 수 있다. 타이밍도 꽤 중요하다. 어쨌든 이래저래 남 앞에 나서야 한다는 소리니 꽤 부담이 되는 사람도 있을 것이다. 지금부터 그런 사람들을 위해 어떻게 하면 존재감을 나타내면서 상사의 신임을 얻을 수 있는지 몇 가지 팁을 주고 싶다.

첫째, 회의에서 발언할 기회를 잡자.

회의만큼 자신의 존재감을 부각하기 좋은 기회도 없다고 본다. 거꾸로 말하면 회의에서 한 발언이 자신의 존재감을 훼손하는 가장 큰 요인일 수 있다는 소리도 된다. 뚜렷한 목적 없이 회의에 참여하는 건 그리 좋은 방법은 못 된다. 게다가 시간도 낭비하는 꼴이 되고 만다. 반면에 반드시 나서야 할 회의도 있다. 상사들을 비롯한 고위 임원진들이 대거 참여하는 회의가 대표적인데, 이럴 땐 과감하게 나서야 한다. 회의에 들어가 자신의 의견을 소신 있고 당당하게 말해야 한다. 당연히 회의에서 발표할 의견은 사전에 준비해 두어야 할 것이다.

우선 회의 목적과 토의 주제에 대해 파악하고 난 다음 나는 어떤 의견을 제시할지 머릿속이나 메모지에 요약해 놓자. 그래야 회의에서 적재적소에 나설 수 있어 나를 확실히 각인시킬 수 있으니까. 어떤 친구들은 회의에 들어가면서 준비를 눈곱만큼도 안하고 들어간다. 이러면 회의에 들어가나 마나다. 하나 더, 회의가 끝났다고 해서 모든 일이 끝난 게 아니다. 회의가 끝난 뒤에도 요약으로 마무리하면 좋겠다. 실상 회의에 부서 사람 모두가 들어갈 수는 없기에 대표로 참석한 사람은 다른 동료들이 알 수 있도록 회의 내용을 전달해 줄 필요가 있다. 가끔 회의에 들어갔다 온 동료에게 회의에서 무슨 안건이 오갔냐고 물어보면 주저리주저리 설명만 늘어놓는다. 이러면 회의 내용이 뭐였는지 도대체 알길이 없어 가슴을 치게 된다. 똑 부러지게 몇 가지로 요약해서 말해주면 오죽 좋으련만…. 하나를 보면 열을 안다는 말이 있다. 회의 내용을 요약하지 못하는 사람이 회의에서 어떤 모습이었을지는 당신의 상상에 맡기겠다. 다시 말하지만, 상사들은 사원들이 회의에서 발언하는 모습을 유난히 눈여겨본다는 사실을 기억하기 바란다.

그러면 말주변이 없거나 무대 공포증이 있는 사람에게는 방법이 없는 것일까? 이런 사람들일수록 더더욱 평소에 말하는 연습을 해둬야 한다. 예컨대 회식이 끝나면 으레 노래방에 가던 시절이 있었다. 그때 실력을 발휘하려고 다들 평소에 피나는 노력을 하지 않았던가. 마찬가지로 회의에서 멋진 발언을 원한다면 평소에 말하는 연습을 해보아야 한다.

둘째, 데이터의 힘을 사용해보자.

데이터로 말하는 습관은 스마트한 직장인들에게 꼭 필요한 경쟁력이 된다. 데이터에는 경쟁력을 높여주는 막강한 힘이 있는 탓에 사람들은 데이터를 사용해서 말할 때 신뢰하는 경향이 있다. 데이터 자체에 논리성과 객관성이 내포되어 있기 때문이다.

설득의 중심에는 반드시 데이터가 있는 이유가 바로 이것이다. 만약 당신의 가치를 높이고 싶다면 평소에도 데이터를 넣어 말하는 습관을 들이기 바란다. 그리한다면 상사는 당신이 굉장히 논리적이고 신뢰가 가는 사람이라고 기억해 둘 것이다.

셋째, 일이 있을 때는 밤을 새워서라도 하자.

당신이 아무리 행복을 꿈꾸는 자유로운 영혼이고 스마트하다 할지라도 책임감이 없다면 절대로 인정받을 수 없다. 고로 책임감 있게 일하는 모습을 보여야 한다. 일이 우선이라는 걸 행동으로 보여주라는 의미다. 예컨대 오늘까지 끝내야 할 업무가 있다면 하늘이 두 쪽 나도 끝내는 모습을 보여줘야 한다. 그것이 누구보다도 책임감이 강한 사람이라는 것을 확증하는 길이다. 물론 그날 꼭 끝낼 필요가 없는 업무라면 내일로 미뤄도 크게 상관없다. 상사도 이해할 것이다. 하지만 그날 반드시 해야만 하는 일들이 있다. 다른 부서 내지는 다른 팀과 관련된 경우나 갑작스레 부서장이 부탁하는 일이 바로 그것이다. 이때가 책임감을 보여줄 절호의 기회다. 이럴 땐 밤을 새워서라도 해야 한다. 실은 나도 퇴근하면 할 일이 많은지라 대개 일찍 퇴근하는 편이지만 이런 경우는 과감히 새벽까지도 일하곤 한다. 쉴 땐 쉬고 일할 땐 열심히 일하자는 주의라서.

넷째, 주간 보고서에 심혈을 기울이자.

상사는 보고서를 통해 당신을 평가할 수밖에 없다. 보고서는 직원들의 활동을 꾸준히 모니터링 하는 수단이기 때문이다. 그러므로 정기적으로 작성하는 주간 보고서는 무조건 평가 도구라고 생각해야 한다. 바꿔 말하면 직장에서 승진할 방법 중 하나가 주간 보고서란 얘기다. 상사는 직원들이 어떻게 일하는지, 업무에 대한 생각은 어떠한지와 같은 입체적인 고민을 일일이 얼굴을 보면서 확인할 수가 없다. 그래서 주간 보고서의 도움을 받는 것이다. 사실 주간 보고서는 부서 사람들의 생각과 활동이 고스란히 드러나는 결과물이지 않은가. 상사가 결과물을 보고 성과를 판단하는 건 당연한 이치다. 그런 의미에서 주간 보고서는 한 주를 마무리하는 금요일이 아닌 한 주를 시작하는 월요일에 기획하라고 권하겠다. 월요일부터 이번 주에 어떤 이슈가 예상되고 그것들을 어떻게 차별화된 관점으로 정리할 건지 생각해보는 것이다. 그러면 금요일에 우왕좌왕하지 않고 깊이 있는 보고서를 쓸 수 있다.

한 예로 고객미팅이 이번 주에 있다고 하자. 미팅은 잘될 수도 아닐 수도 있다. 이를 대비해 미리 두 가지 플랜을 세워놓아야 한다. 아무런 대비 없이 고객미팅에 들어가 일이 잘 안 될 경우 금요일 보고서 작성 시 숙고할 시간이 부족하게 되면 수박 겉핥기 식 보고서를 쓸 수밖에 없기에 하는 말이다. 아무쪼록 무슨 일이든 계획적이고 효율적으로 대처했으면 좋겠다.

꿈이 나를 바꾼다

직장인들은 상사와 보고서만 없으면 회사에 다닐 맛이 날 거라고 우스갯소리를 하곤 한다. 그만큼 상사와 보고서가 스트레스의 가장 큰 요인이 된다는 소리다. 앞서 이 문제 해결의 실마리가 되는 두 가지를 제시해봤다. 바로 회의와 보고서다. 제시한 방법들을 활용하여 자기 생각과 고민을 덧붙인다면 상사에게 인정받고 나아가 회사에 기여하는 사람으로 평가받으리라 믿어 의심치 않는다.

좀 전에 말했지만, 한때 난 무대 공포증이 있었다. 돌아보면 애초에 무대 공포증이 있었던 건 아니었다. 초등학교 5학년 때부터 그런 증상이 시작되지 않았나 싶다. 당시 내 짝꿍은 우리 반 개그맨이었다. 그 친구가 이따금 툭툭 던지는 말 한마디 한마디가 얼마나 웃긴지 반 아이들 모두가 일제히 뒤로 넘어가기 일쑤였다. 호랑이 담임선생님도 녀석이 하는 짓에 웃음을 참지 못할 때가 많았을 정도였으니까. 아무튼, 옆자리에 앉았던 나는 얼떨결에 녀석과 의기투합하여 앞에 나서기 시작했다. 우리는 쉬는 시간이나 수업시간을 비롯해 기회만 있으면 아이들을 웃기려고 애썼다. 그런데 시간이 지날수록 왠지 선생님의 시선이 부담스럽게 다가왔다. 마치 내게 '공부도 못하는 녀석들이…….'라고 말하는 듯 느껴졌다. 마침내 앞에 나서기가 꺼려졌다. 지금 생각하면 내 자격지심 때문이 아닌가 싶다. 당시 바닥을 박박 기는 성적이었으니까. 어쨌든 그 이후로 남 앞에 나서는 횟수가 현저히 줄어들었고 어떨 땐 내심 두려운 마음마저 들었다.

세상에나, 그랬던 내가 지금은 나서고 들이대기 좋아하는 사람이 되었다는 것 아닌가. 그 계기는 우연히 찾아왔다. 대리 시절에 하필 교육 업무를 담당하게 되었다. 주로 사내 교육을 기획하는 일이었는데, 때에 따라서는 사내 강사들을 상대로 세미나를 열기도 하고, 가끔 직원들 앞에서 직접 강의할 기회도 있었다. 처음엔 남 앞에 서니 몹시 떨려 말을 더듬기 일쑤였고 어떨 땐 느닷없이 머릿속이 새하얗게 변하면서 준비한 말이 전혀 기억나지 않기도 했다. 그런데 시간이 가면서 신기하게도 무대 공포증이 어느 정도 무뎌져 가기에 이르렀다. 물론 지금까지도 무대 공포증이 완전히 사라진 건 아니다. 무대에 설 때면 언제나 심장이 벌떡거리고 입이 바짝바짝 마르곤 한다. 그렇긴 해도 이만큼 된 것도 저절로 된 건 아니다. 이제껏 나 나름대로 무던히 노력했다. 지금도 퇴근하면 거울 앞에 붙어 있다시피 한다.

이런 걸로 봤을 때 사람은 꿈을 위해서라면 뭐든 불사할 수 있는 모양이다. 그리고 인간이 노력해서 안 되는 일은 없지 싶다.

3. 결과를 미리 아는 아웃풋 지향

미켈란젤로가 세계적인 화가이자 조각가라는 걸 모르는 사람은 별로 없을 듯하다. 사람들에게 미켈란젤로 하면 가장 먼저 떠오르는 작품은 무엇일까? 바티칸의 시스티나 성당 천장에 그려진 '천지창조'? 아니면 '최후의 심판'? 나는 '피에타'라는 작품이 가장 먼저 떠오른다. 이탈리아어로 '슬픔, 비탄'을 뜻하는 피에타는 성모 마리아가 십자가에 달려 죽음을 맞이한 아들 예수를 무릎에 올려놓은 모습을 대리석으로 형상화해 놓은 작품이다. 많은 비평가로부터 비극적인 죽음을 예수와 마리아의 평온한 표정을 통해 아름다움으로 승화시켰다고 평가받는 작품이기도 하다.

몇 년 전, 딸과 함께 한가람미술관이 주최한 바티칸 미술전에 갔다가 이 조각상을 가까이서 본 적이 있다. 미켈란젤로야 아름다움을 추구했다지만 나는 자식을 키우는 처지라 그런지 아들을 잃은 부모의 마음이 새삼 느껴지는 듯도 했다. 좌우지간 그림도 아닌 조각에 심금을 울릴 정도의 아름다움을 고스란히 담아낸 걸 보면 미켈란젤로는 진정 천재 화가임이 틀림없다. 그러한 그가 생전에 예술과 조각에 대해 이런 말을 남겼다.

"모든 대리석 안에는 조각상이 깃들어 있다. 조각가의 일은 그 형상을 드러나게 하는 것이다. 사람은 손이 아니라 두뇌로 예술을 한다."

예술과 조각에 대해 한 말이지만 단지 예술가들에게만 의미심장하게 다가오는 말은 아닐 듯하다. 사실 그렇다. 창의적인 일이 어찌 예술뿐이겠는가. 기존의 영역에서 벗어나 새롭고 독창적으로 유용한 무언가를 만들어내는 행위나 사고는 모두 창의적인 활동이 아닌가. 그렇게 보면 우리가 직장에서 하는 일 하나하나가 다 창의적인 활동의 범주에 들어간다고 할 수 있다.

과거 자동차 회사에 몸담았던 시절 생산라인에선 '개선 활동'이라는 말을 자주 언급하곤 했다. 개선 활동이란 생산성 향상을 위한 모든 활동을 뜻했다. 예컨대 한 시간에 자동차 100대를 생산한다고 치면, 다방면으로 노력을 기울여 같은 시간에 120대를 만들 수 있다면 그것은 대단한 개선 활동이다. 작업자들은 개선 활동의 일환으로 자기 영역에서 조금씩 의견을 내어 일을 생산적인 방향으로 바꾸어 나가기도 했다. 이렇게 결과를 봤을 때 생산성의 향상, 즉 부가가치를 만들어냈다면 그것은 창의적인 활동으로 간주하는 것이다. 사무직에 종사하는 사람들도 마찬가지다. 보고서를 쓸 때 모두가 매달리지 않고 몇몇 사람의 아이디어로 자료를 만들 수 있다면 나머지 리소스를 다른 곳에 사용할 수 있다. 따라서 일을 빨리 끝내는 것도 창의적인 활동이 된다. 남는 시간을 활용해 더 효율적으로 일하는 방법에 대해 연구하고 개인 생활에 투자할 수도 있으니 말이다.

만약 이 순간 당신이 하는 일이 창의적인 활동이라 느껴진다면 지금부터는 '대리석에 이미 조각상이 깃들어 있다'는 미켈란젤로의 명언을 실제로 적용해 보기로 하자. 볼품없는 대리석에 이미 완성된 조각상을 그려보듯, 마찬가지로 머릿속에 먼저 결과물을 그려놓는 것이다. 그러고 나서 일을 시작하면 아웃풋은 어마어마하게 달라진다. 예술은 손이 아니라 두뇌로 한다는 말을 실천하는 셈이다. 그리고 이미 이런 식으로 머릿속에 결과물을 그려놓고 일하는 사람도 있을 것이다. 하지만 주위를 둘러보면 그렇지 못한 사람들이 훨씬 많은 것이 현실이다. 이러한 사람들을 위해 결과물을 그려놓고 일했을 때 아웃풋이 어떻게 달라지는지 보여주려 한다.

보통 일을 할 땐 두 가지 방식을 사용한다. 하나는 밑바닥에서부터 시작해 위로 올라가는 버텀업*Bottom-up*방식이고, 다른 하나는 위에서부터 시작해 아래로 내려가는 탑다운*Top-Down*방식이다. 이 중에 탑다운 방식이 아웃풋 지향의 접근 방식이라고 보면 된다.

한 예로 시장 규모를 조사한다고 하자. 영업팀에서는 전수 조사를 하려고 지역별 전체 영업 사원들을 동원하는 버텀업 방식을 취한다. 반면에 마케팅팀에서는 전체 시장 규모를 먼저 정해 놓고 지역별로 시장 규모를 쪼개어 나가는 탑다운 방식을 취한다. 결과는 어떨까?

버텀업 방식은 결과가 꽤 상세하고 정확하지만 아쉽게도 시간이 오래 걸리는 단점이 있다. 전 사원이 매달려 조사한 것을 취합하여 결과물을 내는 과정이라 몹시 복잡하기 때문이다. 그뿐이아니다. 전 지역의 데이터를 모아 놓고 보면 중복이 있어 결과가다소 부풀려지기도 한다. 지역별로 중복된 시장이 존재한다는 사실을 간과해버린 탓이다. 그러니 이러한 방식은 특정 거래선이나특정 지역에 국한하여 전략을 수립할 때 사용하는 것이 바람직하다고 봐야 한다.

탑다운 방식은 기존에 알고 있거나 타당성 있는 시장 조사 기관의 자료를 활용하여 일을 시작한다. 큰 틀과 메시지를 고정해놓고 고객과 경쟁사의 움직임을 추적해 나가면서 조사하는 것이다. 이러한 방식은 사업부의 제품 전략을 작성할 때 유리하다. 게다가 사업부의 리소스를 어디에 집중해야 할지, 아직 진입하지못한 시장은 어디인지를 찾아낼 때에도 유용하게 쓰인다. 다만거래선별 디테일이 다소 떨어진다는 단점이 있긴 하다. 그럼에도전략 보고서와 같이 최대한 빨리 기획안을 작성해야 할 경우엔버텀업 방식보다는 훨씬 실용적이라 하겠다. 상사들이 이해하기 쉬운 구조로 설명하는 방식이고 기대하는 바에 좀 더 가깝기 때문이다. 보고 받을 사람의 원하는 바를 충족시켜주는 것도 보고서의 주요 역할이니까. 따라서 탑다운 방식은 아웃풋 지향 방식이다.

결과물을 머릿속에 그리는 방법

이번엔 아웃풋 지향 방식을 회의에 한번 적용해 보자. 회의는 엄청 열심히 했는데 결과가 명확하지 않을 경우가 더러 있다. 단적으로 '일을 똑바로 하자', 뭐 이 정도로 마무리 짓는 경우가 다반사라는 것이다. 한참 회의를 했는데 결과가 명확하지 않으면 헛된 시간을 보낸 것이나 다름없다. 그런데 더 황당한 것은 상사가 그날 회의에서 한 이야기를 다시 정리하기 위한 회의를 나중에 또 하자는 경우다. 이거야말로 이중으로 시간을 낭비하자는 얘기가 아닌가.

회의를 시작하기 전에 우선 액션 아이템을 뭐로 할지 염두에 두어야 한다. 회의를 통해 도출될 아이템을 미리 그려놓은 다음 그 아이템으로 어떻게 일을 진행할지 사전에 생각해 두면 그토록 결과가 흐지부지되는 일은 없을 것이다.

아웃풋을 지향하고 싶다면 더욱이 어떻게 일할지 고민해봐야 한다. 우리는 일하기 전에 반드시 짚고 넘어가야 할 것들을 간과

하는 경향이 있다. 예컨대 '이 일을 왜 해야 하는지', '어느 수준까지 해야 하는지', 그리고 '언제까지 해야 하는지'와 같은 문제들이 그것이다. 가만 보면 누구나 생각할 수 있는 문제들이다. 하지만 이상하게도 우리는 머리보다는 손부터 움직이는 것이 습관화되어 있다. 일에 능숙해져 기계적으로 움직이는지도 모르겠지만, 그럴수록 잊지 말고 이 세 가지 질문을 던져보면 좋겠다. 그래야 일을 통해 달성하고 싶은 결과물과 목적, 납기, 수준을 명확히 알 수 있다. 그러고 나서 일에 몰두하면 할 일들이 구체적으로 생각날 것이다. 머릿속에 결과물을 그려보는 아웃풋 지향 사고에 성큼 다가섰기 때문이다.

그런데 여기서 한 가지 문제가 걸린다. 실무자라면 너도나도 결과물의 이미지를 그리고 일을 시작해야 한다는 데에 동의하겠지만, 결과물의 이미지를 구체화하는 것을 몹시 어려워한다는 사실이다. 이루어질 결과물이 대충 무엇인지는 알 것 같은데 구체적인 모습으로 표현해보려니 잘 안 되는 것이다. 실은 상사도 이 세 가지 질문을 명확하게 설명하는 데 어려움을 느끼는 사람이 많다. 더구나 한꺼번에 많은 일을 맡았거나 시장 상황이 빠르게 전개되는 경우라면 일일이 가이드도 제시하지 못한다.

이럴 땐 상사의 의견도 중요하지만, 오히려 앞서 말한 세 가지 질문을 통해 스스로 파악하고 조사하여 거꾸로 상사에게 보고하면 베스트다. 더군다나 아웃풋을 지향하는 사람이라면 보고에도 그런 의지가 엿보이는 건 어찌 보면 당연한 결과이기도 하다. 한편 상사 입장에서도 지시를 기다리지 않고 선제적으로 치고 나오는 사람이라면 일을 잘한다고 생각할 것이다.

그렇다면 세 가지 질문, 즉 목적, 납기, 수준이 모두 포함된 보고는 어떠한지 보자.

"기획팀에 확인한 결과 사장님께 보고 드릴 전략 회의 자료의 목적은 내년에 더욱 성장하기 위해 올해 안에 무엇을 더 해야 할 것이냐는 마케팅 관점의 전략을 보고하는 데 있습니다. 따라서 제품별 올해와 내년의 M/S 목표를 설정하고 어떤 활동을 할 것인가를 표현하도록 하겠습니다. 1차 초안을 다음 주 월요일까지 보고해야 하므로 관련 부서의 도움을 받아 금주 목요일까지 초안을 완성하고 금요일에 1차 보고를 드리겠습니다."

여기서 '사장님께 보고 드릴 전략 회의 자료, 내년을 위한 올해 전략은 무엇인가?'는 목적에 해당한다. 그리고 '다음 주 월요일 초안 송부, 금요일 1차 보고, 목요일 초안 완성'은 납기를 나타낸다. 마지막으로 '올해와 내년의 M/S를 설정하고 어떤 활동을 할 것인지 마케팅의 관점에서 표현'이 수준을 말해 준다.

마지막으로 결과물의 이미지를 그리라는 말은, 얻고자 하는 아웃풋의 세부 구성 요소와 상태를 입체적으로 생각해보라는 말이다. 마치 이런 것이다. 결과물을 미리 그려 보는 작업은 건물을 짓기 전에 완성될 건물이 어떤 모습인지를 그려 놓은 '조감도'와 유사하다고 보면 된다. 집을 지으려면 반드시 조감도와 설계도가 필요하듯이, 모든 업무의 결과물을 이미지화하는 것이 습관화된다면 업무의 완성도는 올라간다.

4. 거꾸로 생각하는 업무 기획

어린 시절에 미로 찾기 게임을 해본 적이 있을 것이다. 그때 길을 헤매지 않고 최대한 빠르게 출구를 찾는 방법은 무엇이었는가? 아마도 입구부터 찾아가는 일반적인 방법은 아니었을 것이다. 출구부터 시작하는 방법이 아니었을까 싶은데, 왜냐하면 출구부터 시작하면 아무리 길이 거미줄처럼 얽혀 있어도 방향을 헤매지 않고 차근차근 앞으로 나갈 수 있기 때문이다. 게다가 어느 정도 시간과 에너지도 줄일 수 있을 것이고.

그런데 흥미로운 것은, 일을 빨리 끝내는 방식이 흡사 미로 찾기 원리와 같다는 사실이다. 한마디로 '거꾸로 생각하는 업무기획'이라 하겠다. 이는 결과물을 염두에 두고 일을 시작하는 아웃풋 지향 사고와도 연관이 깊다. 아웃풋 지향 방식이란 머릿속에 결과물에 대한 이미지를 그려 놓은 다음 그 이미지를 달성하기 위해 단계별 아웃풋을 설정하고, 마지막으로 계획하는 순서로 옮겨가는 방식이다.

거꾸로 생각하는 업무 기획도 바로 이런 원리다. 미로를 찾듯 어떤 일을 해야 할지 한 단계 한 단계 똑바로 나아가기만 하면 되는 방식이다. 이 업무 방식의 장점은 무엇보다 불필요한 시간 낭비를 줄이기 때문에 문제 해결 속도가 굉장히 빨라진다는 점이다. 하지만 말이 쉽지 막상 시도해보면 그리 쉽지만은 않을 것이다. 인풋*Input*과 아웃풋*Output* 사이가 너무도 멀어 도대체 어떻게 연결해야 할지 막막하다고 느낄 수 있다.

그럼 기획의 본질은 무엇일까? 이 물음에 당신은 어떤 답을 내놓겠는가. 내 대답은 간단하다.

"모든 업무가 기획이다."

기획의 사전적 의미는 어떤 대상을 두고 변화를 가져올 목적을 확인하고, 그 목적을 성취하려고 가장 적합한 행동을 설계하는 것이라고 정의한다. 좀 더 쉽게 말하면 일의 순서와 흐름, 그리고 단계별 아웃풋을 정한 다음 일을 마칠 때까지의 리소스를 계획하는 행위다. 기획의 의미가 이러하다면 모든 업무가 이와 같은 과정을 거친다고 볼 수도 있다. 다만 기획은 단순히 계획하는 일과 구별할 필요가 있다. 엄밀히 따지면 계획은 기획을 통해 산출된 결과물이니까.

그렇다면 이쯤에서 혹 이런 궁금증이 생길지도 모르겠다.

"왜 꼭 업무를 기획해야 하나?"

좋은 질문이다. 바로 이런 문제의식이 기획의 출발점이라고 보면 된다. 예컨대 일을 효율적으로 빨리 끝내려 한다면 '더 좋은 방법이 없을까?'라든가 '왜 이렇게 일을 해야 하나?', '지금 이대로 좋은가?', '다른 쪽으로 하면 어떤 결과가 나올까?'와 같은 질문이 꼬리에 꼬리를 물어야 한다. 그래야 기획력이 차츰차츰 향상된다. 그렇다고 해서 꼭 머릿속에 해답을 넣어 둘 필요는 없다. 각 질문에 대한 나만의 해결책을 메모지에 '네 줄 쓰기' 정도로 정리해 두어도 좋을 것이다.

앞서 말한 바와 같이 기획은 목표를 설정하는 일이고, 계획은 기획한 목표를 실행하려고 구체적인 방법을 모색하는 일이다. 그런 면에서 제품 기획서, 제안서, 사업 계획서를 포함해 보고서라 불리는 것들은 모두 기획안의 한 종류라고 보면 된다. 그럼 보고서도 기획안으로 봐야 할까? 보고서를 기획안이라고 하면 좀 의아할지도 모르겠으나 나는 보고서도 기획안의 범주 안에 있다고 치겠다.

질문을 하나 더 해보겠다.

"좋은 업무 기획이란 무엇인가?"

기획이란 특정 과제에 대해 해결책을 제시하는 것이다. 이따금 겉모습은 무척 화려한데 뚜렷한 해결책 하나 제시하지 못하거나, 장황하게 분량이 많아 아무리 읽고 또 읽어도 도대체 '무엇을', '어떻게', '왜' 하자는 것인지 의도가 불분명한 기획안을 보곤 한다. 그야말로 알맹이가 쏙 빠진 기획안인데, 의외로 이런 보고서가 많다. 그래도 뭐 어쩌겠나 싶기도 하지만, 아무래도 상사 입장에선 의사결정을 내려야 할 시간이 임박해 이런 기획안이 올라온다면 황당하기 짝이 없을 듯하다.

기획은 곧 생각이다

우리는 기획 하면 기획부서와 같이 특정 조직에서만 하는 일이라 여기는 경향이 있다. 그렇지 않다. 어떤 조직에서 무슨 일을 하건 기획은 필요하다. 하지만 아쉽게도 수많은 기획자가 결론을 명확히 내리는 스킬을 갖추고 있지 못한 것도 현실이다. 한자로 기획은 꾀할 기企, 그릴 획劃 자를 쓴다. 곧 꾀를 써서 그린다, 꾀를 써서 무언가를 계획한다는 뜻이다. 그런데 우리는 꾀를 쓰는 걸 어려워하는 경향이 있다. 이유는, 생각하는 것이 습관화되어 있지 않은 탓이다.

세계적인 IT 미래 학자이자 인터넷의 아버지라 불리는 니콜라스 카는 『생각하지 않는 사람들』에서 현대인의 생각하지 않는 습관을 인터넷과 스마트 기기로 압축되는 기술변화 때문이라고 꼬집는다. 솔직히 그의 말은 사실이다. 지하철을 타 보면 대번에 알 수 있다. 앉은 사람이나 선 사람이나 다들 스마트폰을 손에 쥐고 마치 신줏단지 모시듯 하니 말이다. 하긴 나도 휴대폰 없는 세상은 생각만 해도 끔찍하다. 그런데 문제는 인터넷이 사람의 뇌 구조를 생각하지 않도록 바꾼다는 것이다. 이 문제에 관해서는 우리도 이미 알고 있다. 한참 자라나는 어린이들에게 부모가 스마트폰을 주지 않으려 하는 이유가 이런 탓도 있다. 그리고 이 문제가 비단 아이들에게만 국한되는 것은 아니다. 사무직에 종사하는 사람들을 보라. 온종일 컴퓨터 앞에 앉아 흘러 다니는 정보 검색하랴, 보고서 작성하랴, 눈코 뜰 새 없다. 언뜻 생각하면 머리를 굴리는 일이라 생각할 수도 있다. 그러나 니콜라스 카는 그렇지 않다고 말한다. 사람의 뇌는 가소성이 있다는 것이다. 예컨대 전자책만 읽는 사람의 경우 점차 종이책이 눈에 들어오지 않게 된다고 한다. 뇌는 과거의 방식을 바꿔 새롭게 정비하는 능력이 있어서 시간이 갈수록 전자책을 식별하는 기능은 좋아지지만, 종이책을 식별하는 기능은 떨어진다는 것이다. 인터넷을 통해 정보를 습득하다 보면 서서히 정보 식별능력이 생각하는 능력을 대체해버린다는 얘기다. 단적으로 생각하는 능력이 서서히 무뎌져 간다는 결론이 나온다. 이 이론이 사실인지 아닌지는 다소 의문스럽지만, 그럴듯한 얘기인 것만은 분명하다.

스마트워크란 창의적인 활동이고, 이는 곧 창의적인 아이디어로 연결된다. 창의적인 아이디어는 생각하지 않으면 절대 나오지 않는다. 이것은 누구나 아는 사실이다. 한편 일부 사람들은 컴퓨터를 통해 정보를 습득하는 것도 사고 활동이라고 여긴다. 그렇지 않다. 정보 습득과 창의적인 생각은 별개의 영역으로 봐야 한다. 그런 의미에서 생각하지 않는 사람들에게 거꾸로 생각을 해야만 하는 업무 기획을 적극 권한다. 물론 생각의 습관화를 돕기 위해서다. 항상 머릿속에 결과물을 그리면서 일하다 보면 저절로 생각하는 습관이 자리 잡을 것이기 때문이다. 다시, 좋은 기획이란 구체적으로 어떤 것일까 하는 문제로 돌아가 보자.

첫째, 좋은 기획은 설득력을 가진다.

기획안을 내놓았는데 설득력이 떨어진다면 전체적인 지지와 협력을 얻기 어렵다. 무엇보다 기획의 중요한 조건은 결정적인 강점을 지니고 있느냐는 것이다. 한마디로 초점이 선명하고 기발한 기획이냐는 말이다. 상부의 마음에 어필하려면 기획을 입안할 때부터 결정적인 강점이 드러나도록 해야 한다는 점을 의식하고, 무엇을 결정적인 강점으로 삼아 기획을 마무리할 것인가를 고심하기 바란다. 그렇다면 기획에 있어 결정적인 강점이란 대체 무엇일까? 그것은 기획의 명확한 구조에 있을 수도 있고, 기획 아이디어의 독특함에 있을 수도 있다. 아니면 선명하게 제시한 기획 주제에 있다거나 기획 실현을 위한 철저한 계획에 있기도 하다. 물론 강점을 하나로 압축해서 말할 수는 없다. 다만 기획에 무엇이든 무릎을 치며 감탄할 만한 요소가 있다면 그것이 결정적인 강점이 된다.

둘째, 기획은 구체성을 전제로 한다.

구체적이지 않은 '목표+계획'은 기획이 아니다. 거꾸로 구체적이면 구체적일수록 좋은 기획이라 할 수 있다. 실상 구체성은 언어나 표현의 문제에서만 나타나는 것은 아니다. 막연한 목표와 계획들을 제아무리 뛰어난 수사로 포장해봤자 그것은 결코 좋은 기획이 될 수 없다. 기획의 구체성을 담보하는 것은 오직 두 가지

뿐이다. 현실적이고 실현 가능한 목표와 그 목표를 실현할 수 있는 구체적인 해결책이어야 한다. 구체적인 기획안을 내놓기 위해서는 '현장의 목소리'를 들을 필요가 있다. 우리가 책상에 앉아서 얻을 수 있는 정보는 대부분 이미 가공되고, 분류되고, 해석된 정보일 가능성이 크다. 이런 정보만 가지고 기획을 하게 되면 구체성과 현실 감각이 결여된 기획을 할 수밖에 없다. 본격적인 기획을 하기에 앞서 자신이 준비하고 있는 기획과 관련된 사람들과 자주 접촉해야 한다. 현장에서 직접 보고, 들으면서 가공되지 않은 로 데이터*Raw Data*를 수집해야 하기 때문이다. 로 데이터들이야말로 뜬구름 잡는 이야기들을 없앨 수 있는 가장 좋은 길잡이기도 하다.

5. 미리 쓰는 보고서

미래학자 앨빈 토플러는 "미래는 예측하는 것이 아니라 상상하는 것이다."라고 말했다. 또한, 일본 시가현의 홈페이지에 들어가 보면 "미리미리 준비하면 지진도 두렵지 않다."라고 쓰여 있다.

과거에 나는 보고서를 쓸 때마다 이 문장들을 되새기곤 했다. 거의 한 달에 한 번 정도 해외 출장을 다녀야 했던 영업부서 시절, 출장 가기 전에 보고서의 80% 정도를 미리 썼기 때문이다. 고객을 만나서 의논할 비즈니스의 방향을 토대로 예상 시나리오를 짜놓는 것이다. 혹시라도 현지에 가서 고객과 미팅 시 돌발 상황이 생길 경우엔 그것만 추가하면 되었다. 그러고 나서 한국에 돌아오기 전에 마지막으로 보완한 다음 현지에서 바로 보고서를 제출했다.

보고서를 미리 쓴 데에는 그럴 만한 이유가 있었다. 무엇보다 고객과 친해지는 것이 가장 중요한 업무라고 생각했다. 사실 고객과 미팅하다 보면 보통 의사결정은 핵심고객을 중심으로 이루지는 것을 알 수 있다. 그러니 핵심고객과 친해진다는 것은 고객 회사의 정보를 정확히 파악할 수 있는 절호의 기회이고, 멀리 내다봤을 때 비즈니스를 유리하게 전개할 수도 있다. 그런 이유로

미팅보다는 핵심고객과 점심이나 저녁 약속을 먼저 잡는 것은 당연했다. 물론 미리 쓰지 않고 현지에 가서 고객을 만나고 밤늦게 호텔로 돌아와 보고서 첫 장부터 쓰기 시작할 수도 있다. 하지만 그러면 충분히 생각할 시간이 부족하게 되므로 좋은 보고서가 나오기 어렵다고 판단했다.

그런데 다른 사람들은 나와 달리 출장을 다녀와서 보고서를 쓰는 모양이었다. 이 방법도 나쁘지는 않다고 생각한다. 일하는 방식은 저마다 달라서 무엇이 좋고 나쁘다, 딱 잘라서 말하긴 어려우니 말이다. 다만 남들보다 한 발 먼저 생각하고 대응하는 능력이 경쟁력이라 생각한다면 미리 쓰기를 권하고 싶다. 보고서를 미리 써보면 미래에 일어날 일을 예측해보고, 시장의 변화에 제대로 대응해 나가기 위한 하나의 훈련이 된다. 미리 쓰기를 통해 단기적인 예측을 시도해보면서 좀 더 멀리 보고, 시장의 변화에 올바로 대응할 수 있는 기반을 마련하는 것도 좋을 듯하다.

기자들이 기사를 쓰는 일은 때로는 시급을 다툰다. 이를 위해 기자들은 기사를 미리 써놓는 경우가 있다. 한 예로, 얼마 전 국민의 관심이 쏠렸던 대통령 탄핵 사건을 보자. 이때 기자들은 탄핵이 인용됐을 때와 기각됐을 때를 대비해 두 개의 시나리오를 미리 써놓았을 것이다. 그래야 결과가 나왔을 때 즉시 기사를 내보낼 수 있으니까. 그러지 않았다면 기사를 쓰느라 시간을 잡아

먹어 경쟁사에 뒤질 수밖에 없다. 이것은 너무 단적인 예라고 할 수도 있지만, 회사에서 쓰는 보고서도 어느 정도 비슷한 맥락이 아닌가 한다.

보고서 미리 쓰기의 유익한 점은?

첫째, 마감 시간에 쫓기지 않고 마지막까지 본업에 집중할 수 있다.

대개 주간보고서 마감은 목요일이나 금요일일 텐데, 때론 마감을 목전에 두고 긴급한 업무가 발생할 경우가 있다. 이때 보고서를 붙잡고 있으면 허둥거릴 수밖에 없다. 만약 보고서를 어떻게 쓸지 방향이 잡혀 있는 경우라면 실제로 쓰는 데는 시간이 그다지 오래 걸리지 않으니 여유를 가질 수 있다. 다 써놓고 퇴고하는 수준이니까.

둘째, 책임 부담에서 벗어날 수 있다.

미리 쓰기의 또 다른 장점은 성과가 미진할 때 받을 책임 부담으로부터 벗어날 수 있다는 것이다. 일하면서 항상 머릿속에 보고서에 대한 예상 시나리오가 있는 사람은 일이 잘 안 돌아갈 때도 빠르게 대처할 수 있다. 잘됐을 때와 안 됐을 때 두 가지 플랜이 있을 것이기 때문이다. 그런데 예상 시나리오도 없는 데다 엎친 데 덮친 격으로 금요일에 돌발 상황이라도 발생하면 일이 완전 꼬이기 시작한다. 상사에게 그것도 금요일에 느닷없이 문제가 생겼다고 보고하면 어떤 상사가 가만히 있겠는가 말이다. 이렇게 상사의 마음을 불안하게 만드는 것은 결국 자신에게 마이너스 요인이 된다. 반면에 백업플랜이 있다면 상사를 안심시키면 된다. 비록 문제가 발생했지만, 대처 방법이 있으니 아무 걱정하지 말라고. 결과적으로 신뢰를 잃어버리지 않으면서도 오히려 외부의 불필요한 간섭으로부터 자유로워지는 계기가 될 수 있다.

미리 쓰는 주간보고서

정기적으로 작성하는 보고서는 언제까지 제출해야 한다는 마감 시한이 있다. 마감이라는 것이 일의 속도를 조절해주기도 하지만 한편으론 시한에 쫓기다 보면 생각지도 못한 실수를 하거나 핵심 메시지를 놓치는 경우도 많다. 반면에 미리 쓰기를 하다 보면 꼭 제대로 된 보고서가 아니더라도 수첩에 짤막하게 메모해 놓거나 머릿속에 몇 줄 정도 넣어두는 게 습관화된다. 따라서 나중에 보고서를 쓸 때 보고의 핵심 메시지와 업무 성과, 향후 액션 아이템 *Action Item* 등을 어떻게 표현할지, 또 반드시 들어가야 할 내용이 빠진 것은 없는지 점검할 수 있다. 게다가 머릿속에 떠오른 영감을 글로 표현해두면 숙성과정을 거치면서 가지만 앙상했던 나무에 이파리가 무성해지듯 아이디어에 살을 붙이기가 쉬워진다.

직장인 중에는 매주 주간보고서를 작성하는 사람이 많을 것이다. 대개 보고서에는 한 주간의 이슈나 실적, 그리고 다음 주 계획 등을 정리한다. 그런데 가끔 일에 치이다 보면 형식적으로 작성할 때도 있고 기한을 넘겨서 작성하기도 할 것이다. 물론 작성이 약간 늦어질 수는 있다. 문제는 마감 시간에 쫓기다 보면 내용이 부실해질 가능성이 크다는 점이다. 자기 생각이나 인사이트 위주가 아닌 누구나 아는 보편적인 현상 위주로 쓰게 된다. 직장에서 승진할 기회 가운데 하나가 주간보고서란 사실도 까맣게 모른 채 말이다. 실제로 전에 같이 일했던 어떤 팀장은 주간보고서를 보고 팀원의 능력을 평가한다고 말했다. 무슨 일을 했는지도 중요하지만, 업무에 대한 문제의식과 현상에 대한 입체적인 고민 등이 주간보고서에 고스란히 드러나기에 그렇단다.

그렇다면 어떻게 보고서에 입체적인 인사이트를 넣을 수 있을까? 이 또한 미리 쓰기가 포인트라고 하겠다. 주간보고서를 한 주를 마무리하는 금요일이 아니라 한 주를 시작하는 월요일부터 작성하면 어떨까 싶다. 한 주에 발생할 예상 이슈와 대응 방안, 해결 방법까지 예측하고 제시하는 능력을 키울 수 있기 때문이다. 그러면 일과 문제에 대한 깊은 고민의 흔적을 주간보고서에 담을 수 있다. 아무리 바쁘고 피곤하더라도 보고서에 공을 들였으면 좋겠다. 보고서는 팀장이 당신을 평가하는 강력한 수단이라는 것을 기억하면서 말이다.

미리 쓰는 출장보고서

출장을 가기 전에 자신이 이루어야 할 성과에 대한 글을 간단히 써보자. 어떤 고객을 만나 무슨 대화를 나누고 어떤 성과를 거둘지, 그리고 미리 확인한 정보들과 향후 예상하는 액션 아이템 *Action Item*까지. 그러면 자기가 작성한 출장보고서대로 움직일 가능성이 매우 크다. 출장보고서가 성과의 열쇠로 작용하는 것이다. 물론 출장지에서 예상치 못한 변수가 발생할지도 모른다. 그래도 보고서 자체를 크게 뜯어고칠 일은 없을 것이므로, 될 수 있는 대로 출장을 가서는 고객이나 현지 사람들과의 관계에 더 집중했으면 좋겠다. 출장을 가는 목적에는 현장의 변화를 느끼고 혹시 문제가 있으면 빠르게 대처하기 위함도 있으니까 말이다.

또한, 출장을 가면 보고서를 쓸 시간에 그 나라, 그 지역의 전통 음식, 관광지도 돌아보면 어떨까 싶다. 나는 출장 가서 즐길 줄도 알아야 한다고 생각한다. 어떤 외국계 회사들은 해외 출장을 가면 현지를 둘러보는 것이 관례라고 한다. 그래야 그 나라 문화를 이해하고 그에 맞는 비즈니스를 구상할 수 있기 때문이란다. 일리가 있는 얘기다. 나는 주재원 시절 5년 동안 일본에 살았지만, 일만 열심히 했지 솔직히 말해 일본 문화에 그리 관심이 없었다. 그러니 고객을 만났을 때 일 애기만 하고, 그 나라 문화에 대해 담소를 나눈 적이 거의 없었다. 당장 필요하지 않더라도 미래를 내다보면 양질의 비즈니스를 위해서 꼭 필요한 부분이었는데 참으로 아쉽다.

　마지막으로, 미리 쓰기라고 하니 월요일부터 보고서만 붙잡고 있으란 소리로 들을지도 모르겠다. 실제로 전에 한 동료는 일주일 내내 보고서와 씨름을 했다. 이 친구는 온종일 여기저기서 들어오는 정보를 훑어보면서 어영부영 하루를 보낸다. 그러고 나서 보고서를 쓴다고 또 시간을 흘려보낸다. 그런데 정작 결과를 보면 그다지 성과가 없었다. 그리도 정보를 샅샅이 챙겨보고 보고서에도 시간을 들이는데 왜 아웃풋이 나오지 않는 걸까? 내가 보기엔 시장의 큰 흐름, 그러니까 메가트렌드를 모르는 상태에서 당장 불거진 문제에만 시간을 쏟는 게 문제였다.

　예를 들면 이렇다. 올해 세계적으로 공급량이 부족해서 가격이 오를 것으로 전망한다고 치자. 그럼 당연히 회사는 그것에 맞게 계획을 세운다. 그런데 갑자기 한 거래처가 찾아와서 다른 경쟁사는 가격을 내린다며 가격 인하를 요청한다. 이런 경우에는 시장의 흐름을 생각하면서 의연하게 대처할 수 있어야 한다. 나무 전체를 조망하지 못하고 잔가지만 신경 써서는 곤란하다. 우선은 전체를 조망하는 것이 중요하다. 큰 고기를 잡으려고 바다에 나갔으면 당연히 그물을 쳐야 하는데 온종일 족대만 요리조리 휘젓는다고 해서 물고기가 잡힐 리 없다. 족대는 그저 얕은 물가에서 피라미를 잡을 때 써먹는 도구니 말이다.

보고서 쓰기는 알고 보면 그리 어렵지 않다. 사실 기획과 실행의 문제다. 처음엔 습관이 붙지 않아 다소 불편하겠지만, 꾸준히 실천한다면 상사와 동료들로부터 보고서의 달인이라는 소리를 듣게 될 것이다.

6. 콘셉트가 좋으면 콘셉트가 알아서 일한다

나는 후배 사원들에게 이런 말을 자주 한다.

"이번 일에 대한 콘셉트concept는 뭐지? 이번 개선 과제의 콘셉트는 뭐지? 이 회의는 어떤 콘셉트로 진행할 건가?"

콘셉트를 가지고 일한다는 말은 문제 해결을 위한 본질을 파악하고 있다는 의미다. 나뿐만 아니라 상사들은 새로운 업무를 기획하고 수행할 때 자주 이러한 질문을 던지곤 한다. 그도 그럴 것이, 콘셉트만 잘 잡으면, 그 안에 문제 해결에 대한 목표가 명확하게 들어 있어서 함께 일하는 사람들과의 시너지를 기대할 수 있기 때문이다.

그렇다고 해서 콘셉트가 뭐 그리 거창한 것은 아니다. 내가 후배 사원들에게 곧잘 던지는 질문을 보면 콘셉트란 의외로 간단하다고 느낄 것이다.

첫째, "이번 개선 작업에 대한 콘셉트는 뭐지?"

이 질문을 한 이유는 매출 작업 시 수시로 시장의 변화가 있어서 매출 파일을 만들기 힘든 상황에 어떻게 콘셉트를 잡을지가 궁금해서였다. 적절한 답을 보자.

"3주 걸리던 작업을 3일로 단축하고자 합니다. 일주일만 지나도 세상이 달라지는데 프로세스가 너무 오래 걸립니다. 부서 간에 순차적으로 검토하던 업무 방식을 병렬로 한 번에 처리하는 방식으로 개선할 생각입니다."

둘째, "다음 분기 판매 전략의 콘셉트는 뭐지?"

이 질문을 한 이유는 어떻게 매출을 확대할 것인지에 대한 전략이 궁금해서였다. 적절한 답을 보자.

"다음 분기 가격 방어를 통해 매출을 확대해야 합니다. 전 세계적으로 공급이 부족할 것으로 예상하기 때문에 공급 문제가 해소되는 시점까지 가격을 철저하게 관리해야 합니다."

셋째, "이번 회의의 콘셉트는 무엇인가?"

이 질문은 회의에서 안건이 될 사안의 중요도를 알기 위해 물은 것이다. 적절한 답을 보자.

"부서별 실무자 간의 의사결정 회의입니다. 실무선에서 의사결정이 가능할 것으로 예상하는데 결론이 나지 않으면 안건을 정리하여 팀장님 간의 회의를 개최하도록 하겠습니다."

스마트하게 일하는 사람과 그 반대인 사람은 일하는 방법에 있어 다소 차이가 있는 것 같다. 우선 스마트한 사람은 일의 성격에 따라 콘셉트를 무척 잘 정한다. 일을 시작하기 전에 일의 성격을 잘 정의해 놓고, 그러고 나서 거기에 맞게 기획하는 것이다. 결과적으로 원하는 타이밍에 원하는 성과를 낼 수 있다. 반면에 스마트하지 못하면 일의 성격이 뭔지 정확히 파악하지 못한 채 무턱대고 뛰어들고 만다. 그러다 보면 지지부진하게 일을 진행하거나, 아니면 너무 잘 만들려 하다가 납기일이나 원하는 수준 등을 못 맞추는 경우가 비일비재하다. 아무리 정성을 들여도 결과에 따른 보람이 없을 터다.

이처럼 콘셉트를 어떻게 정하느냐에 따라 결과는 첨예하게 갈린다. 콘셉트가 어떤 방식으로 일해야 하느냐와 같은 문제와 밀접하게 관련 있기 때문이다. 하나 더, 일이란 절대 혼자서 할 수 없는 영역이다. 팀원들과 협업해야 가능하다. 콘셉트를 잘 이해하고 적절하게 활용할 필요가 있는 이유가 더해지는 대목이다. 왜냐하면, 팀원 각자가 콘셉트를 명확히 알아야 주어진 상황에 맞게 일을 마칠 수 있기 때문이다. 혹여 팀원들 중 한둘이라도 콘셉트를 잘못 이해할 경우엔 배가 엉뚱한 방향으로 가기 십상이다.

과연 어떤 콘셉트가 좋은 것일까? 무엇보다 콘셉트는 쉬워야 한다고 말하겠다. 한 예로 구글의 마케팅 콘셉트는 "클릭 한 번으로 세상 모든 정보에 접근할 수 있는 사이트를 만드는 것"이었고, 스타벅스는 "직장과 가정 사이에서 제3의 장소를 제공하는 것"이었다. 또한 스티브 잡스가 설립한 애플컴퓨터는 "모든 사람이 컴퓨터를 사용할 수 있도록"이었다.

위 회사들이 세계적인 회사로 성장할 수 있었던 데는 비전에 대한 콘셉트가 명확한 것도 한몫했다고 본다. 더구나 위 회사들의 공통점을 보면 콘셉트가 짧고 쉬우면서도 핵심 메시지를 정확히 전달하고 있다. 이처럼 이야기를 들었을 때 무슨 일을 하려고 하는지 쉽게 이해되는 콘셉트는 상사와 클라이언트의 공감대를 형성하게 된다. 결국, 명확한 업무 콘셉트를 가지고 일하면 상사와 고객의 마음을 움직일 수 있는 것이다.

콘셉트를 잘 잡았다면 다음에는 어떻게 업무를 기획할 것인가에 대해 고민해야 한다. 콘셉트의 본질은 상사 또는 해당 업무에 대한 고객들을 만족시키기 위함이다. 한마디로 가려운 데를 시원하게 긁어줄 수 있어야 한다는 소리다. 고객의 니즈를 확실히 파악하고, 일을 보다 빨리 처리하도록 조직과 사람을 움직일 수 있는 콘셉트면 베스트겠다.

기막힌 콘셉트는 어떻게 만드는가?

첫째, 업무의 본질을 파악한다.

현재 업무는 어떤 프로세스로 진행하고 있는지, 고객이 무엇에 불편을 느끼고 있는지, 개선하고자 하는 방향은 무엇인지를 알아야 한다. 예컨대 위에서 간단히 언급한 '3주 걸리던 작업을 3일로 단축'이라는 과제를 수행한다고 하자. 여태껏 3주나 걸릴 수밖에 없었던 이유나 배경이 반드시 있을 것이다. 개선 과정에서 간과할 수 있는 부분이 있을지 모르니 이 부분을 먼저 확인해야 한다. 그런 다음 어떻게 하면 3일로 단축할 수 있는지 큰 그림을 그려본다. 특히 필요 없는 프로세스를 과감히 제거하려면 관련 부서의 이해관계가 없는지, 극복해야 할 장애물은 무엇인지를 파악해 아웃 라인을 그릴 수 있어야 한다.

　둘째, 핵심 메시지를 요약한다.
　본질을 파악했다면 다음에는 핵심 메시지를 키워드로 표현해야 한다. 실상 조직과 사람을 움직이는 콘셉트에는 반드시 커뮤니케이션 능력이 있다. 잘 만들어진 핵심 메시지는 부서 간의 협업, 직원들 간의 소통을 가능하게 한다. 그러므로 빠르게 의사결정을 내리고, 업무를 수행하고 전개하여 성과로 연결하려면 개선 목표를 뚜렷이 표현해야 할 것이다. 결국, 커뮤니케이션 속도를 높이는 콘셉트의 완성은 핵심 메시지를 요약하는 데 있다.

　셋째, 기대효과를 노출한다.
　과제의 본질을 파악하고 핵심 메시지 요약까지 완성되었다면 마지막으로 기대효과를 산출한다. 기대효과는 크고 피부에 와 닿도록 노출할 수 있어야 한다. 어떠한 기대효과가 있는지 숫자로 나타낼 수 있다면 이것은 콘셉트에 날개를 다는 단계다. 굳이 일일이 설명하거나 보고하지 않아도 업무가 어떻게 진행되고 있는지를 상상할 수 있기 때문이다. 이렇게 기대효과까지 보여준다면 상사나 고객의 머릿속에 당신이 얼마나 일을 스마트하게 하는지 각인시킬 수 있다. 직장인들이여, 마음껏 홍보하고 노출하라. 그러면 콘셉트가 알아서 일할 것이다.

1. 일을 빨리 끝내는 기술

"늦게까지 앉아 있다고 해서 일만 하지는 않습니다. 은행 업무나 쇼핑 같은 개인적인 일도 하고요, 친구들과 카톡이나 밴드로 수다를 떨기도 해요. 어차피 일을 빨리 끝내봤자 일찍 퇴근하지도 못하는데요 뭘. 거기다 일을 빨리 끝내면 또 다른 일을 떠안아야 하니까 일부러 천천히 해요."

회식 자리에서 얼핏 들은 말이다. 다른 사람은 어떨지 모르겠는데 솔직히 나는 이 말에 완전 공감한다. 나도 야근이 싫은데 한창 팔팔한 나이에 밤늦게까지 남아 있어야 하는 젊은 사람들 심정이 오죽하랴. 거기다 언제 끝날지 모를 정도로 일이 끊임없이 밀려오기까지 한다면 이건 정말 출구를 코앞에 두고서 한 발짝도 나가지 못하는 느낌일 것이다.

직장인이 야근하는 이유는 두말할 필요도 없이 일이 많아서다. 그래도 나는 여기서 한 가지 짚고 넘어가고 싶은 것이 있다. 사실 직장인은 상사의 지시에 따라 일하는 경향이 없지 않아 있다. 상사가 퇴근할 때까지 기다리는 것이 당연한 일 내지 제법 중요한 일로 자리매김해버리기도 한다. 언제 지시가 떨어질지 몰라 상사가 퇴근하기 전에는 일이 끝나도 끝난 것이 아니다.

이런 현실을 누구보다 잘 알기에 나는 후배들을 배려해 주고자 맡은 일이 끝나면 눈치 보지 말고 얼른얼른 퇴근하라고 권한다. 일도 없는데 괜히 회사에 남아 시간을 낭비하느니 차라리 퇴근해서 어학 공부나 취미생활에 투자하는 것이 여러 모로 낫다는 생각에서다. 자신에게 투자하는 것이야말로 생산적인 일이 아니고 무엇이겠는가. 거기다 특별한 일도 없이 늦게까지 남아 있는 건 회사에도 별 도움이 안 된다.

요사이 뉴스를 보면 관습과도 같은 수직적 조직 문화가 와해되고 본격적인 스마트워크 시대가 도래할 조짐이 느껴진다. 예를 들면, 최근 정부가 전 중앙부처를 대상으로 매월 마지막 주 금요일은 오후 4시에 퇴근하고, 이를 주중에 30분씩 연장 근무하자는 이른바 '한국판 프리미엄 프라이데이'를 발표한 것이다. 각계 반응은 첨예하게 갈린다. 한편에서는 이를 노동시간 단축으로 보아 생산 활동이 위축될 가능성이 높다고 우려한다. 다른 한편에선 4

시에 퇴근하라는 건 집에 가서 일하라는 소리가 아니냐며 볼멘소리도 나온다. 그럼에도 내게는 이런 현상이 스마트워크의 시작을 알리는 신호탄처럼 보인다.

　정말로 머지않아 스마트워크 시대가 도래한다면 그에 걸맞은 업무방식을 미리 준비해도 좋을 듯하다. 예컨대 퇴근 시간 말이다. 앞으로 너나없이 일찍 퇴근하는 시기가 올 텐데 그때 가서 허둥지둥 일하는 방식을 바꾸려 하면 다소 혼란스러울 듯도 하다. 그럴 바에야 이참에 스마트하게 일하는 습관을 들이면 어떨까. 혹 스마트워크 시대가 오지 않는다 하더라도 스마트하게 일하는 습관을 들여서 그리 나쁠 것도 없으니 말이다.

　최근 국내에도 스마트워크를 도입하는 기업이 점차 증가 추세라는 기사를 보았다. 직원들의 창의성을 끌어올리고 성과를 극대화하기 위해 근무환경은 물론 인사제도까지 개선하고 있다는 것이다. 내 생각엔 창의적인 조직 문화 확대를 목적으로 시행하고는 있지만 정착되려면 다소 시간이 걸릴 것 같다. 기업의 노력만으로 이뤄낼 사안은 아니기 때문이다. 또한, 회사가 아무리 사원들에게 빨리 퇴근하도록 제도를 마련해주고 눈치 보지 않는 분위기, 능력 위주의 수평적 조직 문화를 구축해 준다고 해서 기업의 경쟁력이 올라갈 것인가도 여전히 미지수다. 근무환경은 어찌어찌 바꿀 수 있을지 몰라도 직원들을 창의적인 인재들로 변화시키기는 것은 그리 간단한 문제가 아니기에 그러하다. 궁극적으로는 직원들 스스로가 변하고자 하는 의지가 있어야 가능할 것으로 생각한다.

사실 기업이 스마트워크를 외치는 이유는 직원들의 창의성 확대를 꾀하기 위해서다. 하지만 직원들은 점점 더 개인의 삶을 원할 것이다. 그렇다면 이렇듯 서로 대치되는 상황에서 어떻게 합의점을 찾을 것인가? 의외로 해결책은 간단할 수 있다. 직원들이 회사가 바라는 창의적 결과를 신속하게 만들어내면 그만이다. 그리고 자유 시간을 확보하면 된다. 한마디로 일을 '빨리' 끝내는 것이다.

혹자는 내가 일을 빨리 끝내자고 하니까 "아니, 일을 빨리 끝내면 뭐합니까? 금방 다른 일을 떠맡아야 할 텐데!"라고 말할지도 모르겠다. 물론 이제껏 일을 빨리 끝내는 사람이 손해 보기에 딱 좋은 구조였다. 일을 빨리 끝내기가 무섭게 다른 일을 떠맡아야 하니까. 거기다 성과도 성과지만 팀워크도 중요하다는 점이 은연중에 사람들의 의식 속에 박힌 터라, 누가 더 헌신적으로 조직을 위해 희생했는지도 중요한 평가 포인트였다. 하지만 스마트워크 시대는 이와 다를 것으로 예측한다. 스마트워크 자체가 개인의 성과를 보다 중요시하는 개념이기 때문이다. 누가 더 창의적인 성과를 냈느냐에 무게를 두고 개별성과를 측정하는 지표가 늘어날 게 틀림없다. 다시 말하면 팀워크보다는 개별성과가 훨씬 높은 평가 포인트를 차지하게 된다는 얘기다. 그리고 이 성과는 일을 많이 한다고 해서 저절로 나오지는 않는다. 충분히 생각하고 고민하는 시간이 무엇보다 필요하다. 하지만 안타깝게도 직장인은 생각할 시간이 매우 부족하다. 낮에 일에 떠밀려 다니다가 집에 돌아와서 한숨 돌리다 문득 고개를 들어 시계를 보면 벌써 잠잘 시간이다. 거짓말 조금 보태서 일 년에 책 한 권 읽기도 빠듯하다. 그런데 생각할 시간이라니…. 이런 환경에서 우리가 할 수 있는 최선의 방법은 일을 되도록 빨리 끝내고 시간을 확보하는 수밖에 없다.

출퇴근 시간 알차게 활용하기

우선 출퇴근 시간이라도 알차게 써보는 건 어떨까 싶다. 출퇴근 차 안에선 대다수가 스마트폰을 들여다본다. 한 번은 옆자리에 앉은 사람이 하도 진지하게 휴대폰을 들여다보기에 뭔가 싶어 슬쩍 봤더니만 고스톱게임이었다. 아마도 스트레스를 해소하고자 그러는 것 같았다. 하기야 나도 얼마 전까지 스트레스 해소 차원에서 출퇴근 시간이나 자기 전에 무심코 휴대폰을 들고 각종 뉴스나 연예기사를 검색할 때가 많았다. 그런데 가만 따져보니 습관적으로 휴대폰을 만지작거리는 시간이 하루에 서너 시간은 족히 되는 것 같았다. 때마침 잘됐다는 생각이 든 건 바로 그때였다. 퇴근 후 취미생활에 투자해야 하는데 시간이 없어 고민하던 참이었다. 출퇴근 시간을 알차게 활용하기로 했다.

요즘에는 아침에 출근 버스를 타면 눈을 지그시 감고 좋아하는 음악을 들으며 하루를 계획하는 버릇이 생겼다. 그날의 스케줄을 떠올리고 어떻게 효율적으로 일을 처리할지 궁리하는 것이다.

이것이 습관화되니까 유익이 찾아왔다. 오늘 반드시 해야 할 일에 대한 우선순위를 매기게 되었다. 예컨대 오늘 굳이 하지 않아도 되는 일이나 다른 사람에게 위임할 수 있는 일을 분별하는 것이다. 그러다 보니 내가 할 수 있는 일이 줄어들면서 생각할 수 있는 여유가 더 늘어나고 그에 따라 업무 품질이 자연스레 올라갔다. 겉보기에 그다지 중요하지 않게 보일 수 있으나 실은 여기에 경쟁력이 있다. 일을 빨리 끝낼 수 있다면 다양한 각도에서 바라보는 관점의 여유가 생기면서 더 많은 것을 볼 수 있다. 시간의 여유가 고객이나 동료, 상사의 관점을 예전보다 더 많이 확보하고 새롭게 사고하도록 도와주니 말이다. 창의력의 시작은 역시 다양한 관점이나 경험에서 출발한다는 말이 새삼 느껴졌다. 한 발 더 나아가 사고 범위가 확장되면서 전보다 훨씬 넓고 깊게 생각할 수 있어서 일의 핵심을 간파하고 빈틈없이 마무리 짓는 방향으로 일하게 되었다. 그리고 이것은 비로소 꿈을 구체화할 수 있는 기회로 이어졌다.

나는 오랜 세월 막연히 책을 써보고 싶다고 꿈꿔왔지만, 일상에 쫓겨 실행에 옮겨볼 엄두조차 못냈다. 그런데 나만의 시간을 확보하려고 효율적으로 일하는 방법에 집중하다 보니 차츰 일하는 속도가 빨라지면서 자투리 시간이 늘어났다. 마침내 책을 쓸 물리적, 심리적 여유가 생겨난 것이었다. 지금은 글을 쓰는 일이 일상이 되어버릴 만큼 내 삶에 혁신적인 변화가 일어났다.

나는 이 말을 꼭 하고 싶다. 여윳돈이 있어야 재테크를 하듯 남는 시간이 있어야 꿈을 향한 투자도 가능하다. 게다가 여유시간을 만들어 자신의 꿈에 투자하는 것, 이것이야말로 진정한 스마트워크의 경지가 아닐까 한다.

2. '네 줄 쓰기'는 나만의 필살기

'네 줄 쓰기'는 나만의 필살기다. 머릿속에 조각조각 흩어져 있는 생각들을 단 네 줄로 요약하면 흐릿한 상념이 명확해지고 나아가 스피치에 활용하기도 유용하다. 그런 이유로 네 줄 쓰기를 즐겨 한다.

직장 안을 둘러보면 책을 읽는 친구들이 좀처럼 눈에 띄지 않는다. 그나마 책을 좀 읽는다 하는 친구들도 단순히 책만 읽을 뿐이지 글을 쓰려 하는 사람은 찾아보기 힘들다. 왜 그럴까? 그건 아마도 글쓰기란 재미없고 어려운 작업이라는 선입견 때문은 아닐까? 만일 그렇다면 손쉽고도 재미있게 글 쓰는 방법은 없을까? 이런 고민을 거듭하다 마침내 네 줄 쓰기를 생각해냈다.

처음엔 시험 삼아 페이스북에 네 줄 쓰기를 활용해 보았다. 페이스북은 불특정 다수에게 사진이나 동영상뿐 아니라 글쓰기도 선보일 수 있는 장인 데다가, 많은 팔로워가 '좋아요'를 눌러주면 훨씬 글을 쓰는데 동기부여가 일어날 수 있다고 생각했다. 결론을 말하면 지금은 내 네 줄 쓰기의 간결함 때문인지 여러 사람이 따라 하고 있다. 마음이 그저 흐뭇하기만 하다. 이참에 당신도

SNS에 사진만 올릴 것이 아니라 연습 삼아 사진에 대해 설명하는 글을 올려보면 어떨까? 긴 글은 어렵지만 네 줄쯤이야 그다지 부담이 없을 테니 말이다. 얼마 안 있어 자신도 모르는 사이에 글쓰기 실력은 물론 자신감도 무럭무럭 자라나 있을 것이다.

글쓰기 관련 책을 읽어 보면 많은 책에서 송나라 문인 구양수의 말을 인용하곤 한다. 구양수는 글을 잘 쓰는 방법에 대해 '다독', '다작', '다상량'이라고 말한다. 즉 많이 읽고, 많이 쓰고, 많이 생각하라는 뜻인데, 바로 여기에 문제가 있다. 일에 떠밀려 다니는 직장인들이 한가하게 앉아 책을 읽으며 상념에 빠질 시간이 대체 어디에 있단 말인가. 일 년에 책 한 권도 읽기 빠듯한데 그것도 많이 쓰라니…. 아무리 묘책이라 해도 직장인들에게 구양수의 말은 그저 그림의 떡이라 하겠다.

하지만 거꾸로 많은 직장인이 하루가 멀다 하고 글을 쓰고 또 써야만 하는 처지에 놓여 있다. 주간보고, 이슈보고, 전략보고, 분석보고 등 헤아릴 수 없이 많은 보고서가 그것이다. 그런데 보고서를 쓰는 일이 그리 간단한 문제가 아니다. 우리는 어릴 적부터 주야장천 주입식 교육만을 받아 왔고, 시험이라고 하면 언제나 사지선다형 내지는 오지선다형을 접해 왔다. 그런 우리에게 글쓰기는 어렵고도 어려운 작업일 수밖에 없다.

한편 현실이 이러해도 스마트한 직장인들은 글쓰기를 자신의 필살기로 여기는 것도 사실이다. 그들은 메일이나 보고서 같은 일상적인 업무를 활용해 부지런히 글쓰기를 연습한다. 그도 그럴 것이, 글쓰기는 보고서의 핵심이고 이를 잘 발전시키면 승진과도 밀접한 연관성이 있다고 여기는 것이다. 내 경우를 봐도 그렇다. 나는 보고서를 기막히게(?) 잘 쓴 덕분에 임원의 눈에 띄어 일본 주재원으로 발탁되는 행운을 거머쥐었으니 말이다.

좌우지간 보고서 쓰기가 매우 중요하다는 건 다수가 인정하는 사실이다. 그럼 어떤 관점을 가지고 보고서를 쓰면 되는 것일까? 이럴 때 네 줄 쓰기가 필요하다. 무엇보다 네 줄 쓰기는 자기만의 관점을 갖도록 도와준다. 머릿속에서 이리저리 떠돌아다니는 생각들을 눈에 보이도록 형상화하는 순간 흐릿했던 관점이 명확해진다. 처음엔 다소 어렵겠지만, 자꾸 연습하다 보면 글쓰기 실력이 향상되어 누가 봐도 한눈에 들어오는 보고서를 쓰게 된다. 자, 지금부터 실생활에서 훈련할 수 있는 글쓰기 기법 두 가지를 알아보자.

첫째로, 사물이나 현상에 대해 떠오르는 느낌과 생각을 아무렇게나 네 줄로 종이에 적어본다.

주위를 둘러보면 글의 소재는 매우 다양하다. 나처럼 SNS에 글을 써보는 것도 좋고, 정 시간이 없다면 출퇴근 시간을 활용해도 좋다. 개중엔 글을 쓰는 솜씨가 턱없이 부족하다고 뒤로 물러서는 사람도 있을 것 같다. 하지만 글쓰기는 솜씨보다도 반드시 해보고야 말겠다는 용기가 더 중요하지 않을까 한다. 시작이 반이라는 말이 있지 않은가. 시작이 어렵지 막상 한 발 내디뎌보면 금세 네 줄 쓰기 정도는 별것 아니라고 느낄 것이다.

둘째로, 회사에서 발생하는 이슈를 네 줄로 요약해본다.

회의에 참석했던 동료들에게 회의하면서 거론된 이슈에 대해 물어보면 주저리주저리 장황하게 설명하기만 하지 요약해서 말하지 못하는 경우가 다반사다. 그것은 요약하는 연습을 해보지 않은 탓이다. 혹 자신이 이런 사례에 해당한다고 느낀다면 이제부터라도 회의나 상사와의 대화 후에 자신의 느낌과 생각을 단네 줄로 요약해보라. 글쓰기 능력이 좋아지는 게 피부로 느껴질 것이다. 다른 사람은 어떨지 몰라도 나는 이 네 줄 쓰기의 기특함을 굳게 믿는다. 네 줄 쓰기를 꾸준히 연습한 덕에 지금 이렇게 책도 쓰고 있으니 말이다.

네 줄 정도면 누워서 떡 먹기다

글쓰기에는 여러 종류가 있다. 여기서는 글쓰기 자체에 집중하고자 하므로 글쓰기의 종류나 형식은 무시하기로 한다. 네 줄 쓰기는 애써 형식을 따질 필요가 없다고 본다. 굳이 원칙을 따지자면 '네 줄만 쓰기'라고 하겠다. 반드시 네 줄을 채워야 하고 또 넘지도 말았으면 좋겠다. 네 줄을 넘을 경우 글이 너무 장황해지기 때문에 직장 후배들에게도 딱 네 줄만 쓰라고 권하고 있다. 그런데 한 후배 사원이 네 줄 쓰기를 네 문장이라 여기고 각각 두 줄씩 써서 여덟 줄을 만들어버렸다. 이럴 경우는 요약이라는 네 줄 쓰기 본래의 의미를 잃어버리고 만다.

앞서 말했듯 네 줄 쓰기에 있어 형식은 따로 없다. 그래도 좀더 구체적인 방법을 알고자 하는 사람들을 위해 몇 가지 방식을 소개한다.

첫째, 그냥 무조건 나열하는 방법이다. 이 방법은 생각나는 대로 특징을 적는 방식이다. 예를 들면 이렇다.

①네 줄 정도면 어떻게든 쓸 수 있다.

②일상생활에서 훈련할 수 있다.

③외우기 쉬워서 스피치에 활용할 수 있다.

④일정한 형식만 취하면 된다.

둘째, 우선순위의 느낌으로 쓰는 방법이다. 강조하고자 하는 느낌이나 중요성에 따라 순서를 바꿀 수 있다.

①첫째, 네 줄 정도면 어떻게든 쓸 수 있다.

②둘째, 일정한 형식만 취하면 된다.

③셋째, 외우기 쉬워서 스피치에 활용할 수 있다.

④ 넷째, 일상생활에서 훈련할 수 있다.

셋째, 기승전결로 결론을 맺어보는 방법이다. 논리적으로 결론을 도출해본다.
① 네 줄 정도면 어떻게든 쓸 수 있다.
② 일정한 형식만 취하면 된다.
③ 외우기 쉬워서 스피치에 활용할 수 있다.
④ 따라서 일상생활에서 훈련을 통해 글쓰기 체질을 만들어가자.

네 줄 쓰기는 회의에서나 사람들 앞에서 스피치를 해야 할 경우에도 활용할 수 있다. 특히 위에서 소개한 '기승전결의 방법'으로 연습해보면 좋다. 자연히 논리적인 사고가 증가할 텐데, 그러다 좀 더 여유가 생기면 한 줄마다 말을 덧붙여 보라. 훌륭한 스피치 하나가 탄생한다. 이런 식으로 꾸준히 연습하다 보면 당신은 마침내 글쓰기뿐 아니라 말도 청산유수인 직장인이 되어 있을 것이다.

일상에서 훈련하는 네 줄 쓰기

직장생활 와중에 글쓰기와 말하기 연습을 어떻게 하면 좋을까? 딱히 시간을 낼 필요는 없다. 회의 내용과 메일, 보고서를 작성할 때가 네 줄 쓰기를 연습할 수 있는 절호의 기회라고 생각하면 된다. 사실 직장에서 선호하는 글쓰기 스타일은 정해져 있다고 봐도 무방하다. 가장 흔한 방법을 소개하자면, 배경-문제-원인-대책의 순서와 같은 논리적인 형태의 글이다. 네 줄로 글을 잘 쓸 수 있다면 이런 형태의 글은 식은 죽 먹기가 아닐까 싶다. 이해하기 쉽게 예를 들어보겠다.

배경 직장인이라면 보고서 작성을 잘해야 한다.
문제 그런데 우리 부서원들은 보고서를 제대로 작성하지 못한다.
원인 도통 책을 읽지 않고 글쓰기를 훈련하지 않는다.
대책 네 줄 쓰기를 도입하여 글쓰기를 훈련해야겠다.

일본의 고바야시 게이치라는 사람도 자신의 책 『4행 일기』에서 네 줄 쓰기를 강조했다. 그는 4행 쓰기에 단 5분을 투자하는 것이 자신의 목표를 이룰 수 최고의 방법이라고 주장한다.

그가 추천한 4행 쓰기 공식은 이렇다. 첫 줄에는 사실을 쓰고, 둘째 줄에는 느낌을, 셋째 줄에는 교훈을, 넷째 줄에는 선언을 쓰라고 한다. 4행 쓰기가 시간을 많이 빼앗지도 않고 고민할 필요도 없는 간단한 방법이지만, 계속해서 실천하다 보면 자기 자신을 발견하고 성장하게 해주는 매개체라는 것이다.

나도 고바야시가 추천한 방법을 활용해 나만의 필살기 네 줄 쓰기를 해보았다.

①사실 오늘 거실의 책장을 정리했다.

②느낌 마치 내 삶을 정리해버리는 것 같아 살짝 우울했다.

③교훈 주변을 깔끔하게 정리하면 반드시 새로운 것들로 채워지리라 믿는다.

④선언 나는 이제 곧 새로운 사람으로 거듭날 것이다. 하하하

어떤가? 당신도 이런 식으로 하루하루 일기를 써보면 어떨까? 네 줄 쓰기는 간단하고 별것 아닌 듯 보이지만 실은 그 안에 놀라운 비밀이 숨겨져 있다. 일단 한번 시작해보면 그 비밀을 차차 알게 된다. 사실 그렇다. 자전거를 타는 사람에게만 자전거를 잘 탈 수 있는 비법이 필요하다. 또 그런 사람은 자전거를 더 잘 타기 위해 여러 가지 방법을 궁리한다. 거꾸로 자전거를 타지 않는 사람에게 자전거를 잘 타는 비법은 아무짝에도 쓸모가 없다. 혹 이론을 빠삭하게 안다 하더라도 자전거를 잘 타게 될 리는 만무하다.

이와 마찬가지로 글을 쓰는 사람에게만 글을 잘 쓰는 비법이 통하는 것이다. 글을 쓰지 않는 사람에게 비법 따위는 필요가 없다. 만약 내 말이 일리가 있다고 생각한다면 오늘부터 당장 네 줄 쓰기를 시도해보면 어떨까? 누가 아는가, 당신도 인정받는 보고서를 작성하고, 조리 있게 말을 잘하고, 나처럼 책도 한 권 출간하게 될지.

3. 상사를 내 편으로 만드는 날카로운 메시지

도쿄에서 살 때의 일이다. 아침에 깜빡 잊고 핸드폰을 집에 두고 출근했는데 그날따라 일이 많지 않아 일찍 퇴근했다. 집에 돌아와 보니 문이 잠겨 있었다. 아마도 아내가 외출한 모양이었다. 가는 날이 장날이라더니 간만에 일찍 퇴근했는데 아내도 없고 휴대폰도 없다니…. 하는 수 없이 공중전화 부스를 찾아갔다. 수화기를 들고 막 전화번호를 누르려는데, 이게 웬일인가. 아내 전화번호가 도저히 생각나지 않는 거였다. 일본에 온 지 얼마 안 돼 그렇기도 했지만, 사실 난 핸드폰이 없으면 아무에게도 전화하지 못하는 숫자에 약하디 약한 사람이었다.

그때였다. 그나마 유일하게 생각나는 것이 우리 어머니 전화번호였다. 어머니 전화번호는 내 번호와 비슷한데다 오랜 기간 번호를 바꾸지 않아 기억하기 쉬웠던 것이다. 아, 얼마나 기쁘던지! 마침내 국제전화를 걸어 아내 전화번호를 알아냈다. 좌우지간 숫자에 약하다는 이유로 밖에서 무려 한 시간 반이나 기다리는 불편을 겪은 것이다.

그런데 참 희한하게도 귀국하고 가게 된 부서가 하필이면 사업부 통계자료를 다루는 곳이라니. 처음엔 그야말로 머리에 쥐가 나는 줄 알았다. 넘쳐나는 숫자를 외울 수도 없는 노릇이지만 그보다도 대체 중요한 숫자가 뭔지 도무지 알 수가 없었다. 나중에 알고 보니 숫자만 외운다고 되는 일이 아니었다. 의미를 알아야 머릿속에 남는 거였다. 억지로 쑤셔 넣은 숫자는 오래가지 않지만, 의미를 기억하면 머릿속에 오래도록 남는다는 사실을 다시한 번 실감했다.

알고 보면 상사들도 나와 비슷한 건 아닌지 싶다. 대개 상사들은 의미를 기억할 뿐이지 숫자를 기억하지 못하는 경향이 있다. 이 얘기는, 상사의 머리에 숫자를 넣어준다는 건 바로 의미를 넣어준다는 이야기이고, 나아가 의미를 만든 당신을 각인시킨다는 말이다. 고로 숫자는 당신이라는 소리다.

데이터는 곧 당신이다

스마트한 직장인이 되려면 숫자를 활용하는 데 능숙해야 한다. 보고서나 회의 자료를 만들 때도 데이터를 넣어 메시지를 만들면 좋다. 예컨대 "전월대비 매출이 10% 감소했으나, 수량 기준 5% 증가"와 같은 메시지를 보자. 구체적인 데이터를 활용했기에 무엇이 문제인지를 알 수 있다. 그러니까 단지 "실적이 떨어졌다"와 같은 막연한 표현보다는 "수량 판매는 5% 늘었는데, 매출감소가 10%" 같이 가격적인 문제가 있었다는 걸 짐작할 수 있도록 메시지를 전달하는 것이다.

이렇게 숫자를 활용할 수 있는 능력은 직장인들에게 반드시 필요한 경쟁력이라 하겠다. 사람들은 구체적인 근거를 제시할 때 숫자를 사용하곤 한다. 왜냐하면, 숫자를 통해 논리성과 객관성을 보장받기 때문이다. 숫자 사용은 즉 검증된 데이터를 사용한다는 것이다. 그리고 전달력이 강한 메시지는 상사의 마음을 움직일 수 있다. 그러면 전달력이 강한 메시지는 어떤 것일까? 다음의 대화를 보자.

상사 : 5%씩이나 가격을 인하하는 이유가 뭐지?

보고자 : 과거에도 관행적으로 5%씩 인하해 왔습니다. 현재 M/S 35%를 유지하기 위해서는 경쟁사 진입을 차단해야 하는데, 고객사 제품 평가 결과에 따르면 경쟁사 제품 수준이 당사와 같은 수준까지 올라왔다는 정보가 있습니다. 선제적으로 조치하지 않으면 M/S유지에 불리할 수 있습니다.

상사 : 그렇다면 언제부터 가격을 인하하면 좋겠나?

자, 단순한 예이면서도 일상적인 보고 패턴이라 할 수 있다. 위 대화를 보면 보고자는 숫자를 중심으로 보고하였기 때문에 상사를 쉽게 설득하고 있다. 결국, 설득의 중심에는 데이터가 있으니, 이 사실을 기억해 두기 바란다. 적절하게 숫자를 사용하면 그 자체에서 논리와 신뢰가 느껴진다. 이것이 데이터가 지니는 힘이다.

데이터 표현이 깔끔할수록 메시지가 날카롭다

도표를 작성할 경우 대부분 엑셀에서 작성한 도표를 그대로 사용하곤 한다. 그런데 아래 왼쪽 도표처럼 자료가 깔끔하지 못한 경우가 많다. 여기에 몇 가지만 적용하면 깔끔한 도표를 만들 수 있다. 이렇게 만들어진 도표는 전하고자 하는 메시지를 훨씬 돋보이게 한다. 데이터 표현이 깔끔할수록 메시지가 날카로워지는 원리다

아래 도표를 좀 더 눈에 띄게 하려면 어떻게 수정해야 할까?

변경전

[개]	16년 1분기	16년 2분기	16년 3분기	16년 4분기	합계
예상1)	100	120	130	100	450
예상2)	100	150	100	100	450
예상3)	100	100	130	120	450

변경후

[개]		Q1	Q2	Q3	Q4	'16년
	1)	100	120	130	100	450
예상	2)	100	(150)	100	100	450
	3)	100	100	130	120	450

첫째, 중복되는 부분을 가급적 단순화한다.

변경 전 도표에서 상단의 '16년'이라는 단어와 '분기'라는 단어는 공간만 차지하는 중복된 단어다. 이는 보는 사람의 눈을 다소 복잡하게 만들 수 있다. 또 좌측의 '예상'이라는 단어도 반복되고 있다. 이와 같이 중복된 단어를 오른쪽 도표와 같이 공통분모로 뽑아내도록 하자.

둘째, 선과 선을 구분한다.

합계를 나타내는 숫자와 부분적인 숫자는 서로 구별하는 것이 좋다. 변경 전 도표를 보면 왠지 **빽빽**하고 답답한 느낌이 드는 반면 변경 후 도표는 산뜻하고 시원하게 느껴진다. 작은 차이지만 전하고자 하는 메시지를 돋보이게 하는 효과가 있다.

셋째, 메시지에 해당하는 데이터를 강조하라.

예컨대 설명하고자 하는 메시지가 '16년 고객 수요가 세 가지로 예상되어 2분기 150개 요청 가능성이 있다'는 것을 말하고자 했다면 그 부분에 시선이 머물도록 강조해 주어야 한다. 중복을 없애고 선과 선을 구분하고 데이터를 강조하는 단 세 가지만으로도 주장을 날카롭게 만들 수 있다. 앞에서도 강조했듯이 데이터에는 메시지를 담아야 한다. 다만 한 가지 주의할 점이라면, 잘못된 데이터는 오히려 상사를 헷갈리게 만들기도 한다는 것이다. 데이트를 가공하기 전에 올바른 데이터를 사용했는지 확인하는 것도 잊지 말자.

4. 상사의 마음을 사로잡는 보고서, 룩앤필

이따금 고작 서너 살 정도밖에 안 된 아이들이 스마트폰을 들고 뭔가 열심히 들여다보는 모습을 목격하곤 한다. 한 번은 이제 갓 돌을 지난 아기가 뽀로로 동영상에 푹 빠져 있는 것도 보았다. 세상에나, 신통방통하기 그지없는 일이 아닌가! 글자도 모르는 애들이, 어떻게 자신이 원하는 것들을 쏙쏙 찾아내는지.

그런데 이렇게 아이들이 누가 특별히 설명해주지 않아도 스마트폰을 척척 사용하는 것처럼, 보고서 중에도 작성자가 자세한 설명을 덧붙이지 않아도 누구나 쉽게 이해할 수 있는 보고서가 있다. 사람들은 이런 보고서 디자인을 룩앤필이 좋다고 말한다.

룩앤필*Look and Feel*이란 단어는 본래 IT 용어인데 자료를 만들 때도 곧잘 사용하곤 한다. 컴퓨터에 지시를 내릴 때 화면에 나타난 그림이나 메뉴만 보고도 어떤 지시를 내려야 할지 대번에 알 수 있는 디자인이다. 기존에 명령어를 일일이 입력해야 하는 씽크 앤 타입*Think-and-Type* 방식과 구별하기 위한 용어로 쓰인다. 종종 직장에서 다루는 보고서도 룩앤필이 좋아야 한다고 말하는데, 이는 전달하고자 하는 메시지를 누가 보아도 쉽게 이해할 수 있어야 한다는 뜻이다.

흔히 보고서라 하면 단순히 정리, 요약하는 것으로 생각하기 쉽다. 하지만 보고서에도 디자인이 있다는 사실을 기억하자. 전달하고자 하는 메시지를 문장이나 그래프, 테이블로 표현하는 경우가 이에 해당한다. 그렇다고 해서, 보기 좋은 떡이 먹기도 좋다는 식으로 과도하게 디자인만 신경 쓴 보고서는 여기서 말하고자 하는 룩앤필과는 거리가 멀다. 거듭 말하거니와, 좋은 보고서는 상사가 한눈에 메시지를 이해할 수 있어야 한다. 그럼, 말이 나온 김에 상사가 선호하는 보고서 스타일은 어떤 것인지 알아보기로 하자.

우선은 보고서를 봤을 때 막힘이 없어야 한다. 내용을 쉽게 이해할 수 있어야 한다는 말이다. 나는 이해가 되지만 상대방이 이해하지 못한다면 결코 좋은 보고서가 될 수 없다. 즉 겉보기만 좋은 보고서가 아니라 전하고자 하는 메시지의 흐름이 매끄럽도록 신경 써야 한다는 말이다. 상사의 입장을 고려해 보고서를 작성하는 건 매우 중요한 포인트라 하겠다. 다음 사례를 보면서 어떤 부분을 말하는지 알아보자. 알기 쉽도록 파워포인트 문서로 예를 들었다.

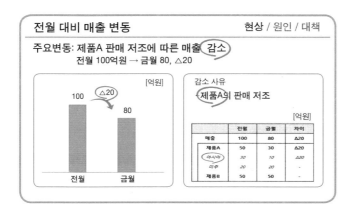

첫째, 메시지, 그래프, 테이블의 강조점이 일치하는가?

위의 자료를 보면 매출이 감소한다는 메시지로 시작했고, 이를 막대그래프로 표현했다. 테이블을 보면 감소한 이유가 A 제품의 아시아 지역 판매가 감소했기 때문이라는 내용이 한눈에 들어올 것이다. 아주 간단한 예지만 이렇듯 보고서는 막힘없이 단번에 쭉 읽혀야 한다. 이런 식의 구성을 룩앤필이 좋다고 말한다.

둘째, 현재 페이지가 전체 페이지 중에 어디쯤 위치하는가?

여러 페이지의 보고서에서 지금 어디쯤 가고 있는지 알려주는 것도 룩앤필의 특징이다. 위에서 예로 든 페이지 맨 밑을 보면 쪽 수가 표시되어 있고 맨 위 오른쪽을 보면 내용의 흐름상 '현상-원인-대책' 중에 '현상'에 해당하는 부분을 설명하고 있다는 것 도 알 수 있다.

셋째, 숫자의 단위는 같은 기준을 사용하였는가?

가급적 그래프와 테이블, 메시지 속에 사용하는 숫자에 대한 단위도 기준을 하나로 잡아서 표현해 주어야 한다. 매출이면 매출, 수량이면 수량, 그리고 천 단위인지 백만 단위인지와 같이 기준을 정해서 표현해야 눈에 거슬리지 않는다. 테이블이나 그래프마다 기준이 다르면 보는 사람이 무슨 내용인지 헷갈리기 쉽고 착각할 가능성도 있기 때문이다.

넷째, 상사의 궁금증을 해결하는 콘텐츠를 담아라.

일반적으로 볼 때 보고서의 주된 목적은 상사의 궁금증을 해결하는 것이다. 따라서 상사가 알고 싶어 하는 그것을 '콘텐츠'라 말할 수도 있다. 그럼 당신의 보고서에는 어떤 콘텐츠가 들어 있는가? 만일 콘텐츠가 없다면 개발해야 하고, 있다 해도 늘 새로운 콘텐츠를 발굴해야 한다. 만일 상사로부터 지시를 받기 전에 콘텐츠가 담긴 보고서를 선제적으로 보고할 수 있다면 그야말로 금상첨화다. 자연히 당신의 가치는 높아진다. 이렇듯 콘텐츠를 담은 보고서는 남들이 생각하지 못한 관점으로부터 출발한다. 바꿔 말하면 상사의 입장에 서서, 내가 상사라면 어떤 내용이 궁금할지 또 이상한 점은 무엇인지 늘 질문하는 습관을 들이는 것이 필요한 것이다.

다섯째, 첫 페이지, 첫인상으로 승부하자.

시중에 나온 보고서 관련 책들을 보면, 보고서의 간결성을 많이들 강조한다. 그중에는 한 페이지에 보고서를 끝내라는 내용의 책도 있다. 하지만 실상 현장에서는 한 페이지로 끝낼 수 있는 보고서가 그리 많지 않다. 더구나 한 페이지에 여러 가지 이슈를 담는 건 다소 무리도 따른다. 아마도 저자의 의도는 그만큼 보고서를 간결하게 작성하라는 얘기가 아닐까 한다. 그런데 내 의견은 약간 다르다. 첫 페이지에서 승부를 걸라고 말하고 싶다. 현장에서는 수십 페이지 분량의 보고서를 만들 때가 많다. 첫 페이지에다 전체 페이지를 아우르면서도 한눈에 알아보기 쉬운 메시지를 담는다면 베스트가 될 것이다. 즉 보고를 받는 사람은 첫 페이지만 보고도 보고서 작성자가 말하고자 하는 의도를 어느 정도는 가늠할 수 있게 될 것이다. 결론을 말하면, 첫 페이지는 문서 전체의 형식, 흐름, 이미지, 보고하고자 하는 메시지를 쉽게 이해하도록 더욱 더 신경 써야 한다.

여섯째, 페이지 수에 연연하지 마라.

내용이 많아야 성의를 보여줄 수 있다고 생각하는 사람들이 더러 있는 듯하다. 만일 그러하다면 그 마음을 과감히 버려야 한다. 의미 없는 데이터나 표현으로 보고서의 페이지를 늘리는 건 도리어 마이너스 요인이 된다. 핵심을 잡지 못했다는 부정적인 평가를 받을 수도 있다. 분량이 적더라도 꼭 필요한 내용만 넣으면 된다. 추가해야 할 내용이 있는데 적합한지 판단이 서지 않을 땐 과감히 빼버린다. 보고서의 목적은 최대한 빠르고 정확하게 업무를 파악하려는 것이지 작성자의 표현력을 보기 위함이 아니니까.

보고서가 상품이라고?

직장인 중에는 보고서를 작성해야 하는 사람이 많다. 하지만 보고서 작성을 즐기는 사람은 별로 없는 듯하다. 솔직히 피할 수만 있다면 피하고 싶은 것이 보고서가 아닌가. 게다가 보고서 종류는 왜 그리 많은지. 주간보고, 이슈보고, 전략보고, 분석보고 등 헤아리기도 어려울 정도다. 직장인들은 이 귀찮은 보고서를 위해 어떨 때는 밤을 꼬박 새우기도 하고, 며칠씩 야근에 시달리기도 한다. 하지만 이토록 수고하건만 칭찬은커녕 상사로부터 한 소리 들을 때가 수없이 많다.

그럼에도 일을 잘하는 사람들은 보고서를 자신의 필살기처럼 활용한다는 사실을 잊지 말자. 그중 일부는 보고서로 능력을 인정받아 남들보다 빨리 승진하기도 한다. 그렇다면 과연 일을 잘하는 사람은 어떤 식으로 보고서를 쓸까? 혹시 그들만의 노하우가 따로 있는 것일까?

무엇보다 보고서도 '상품'이라고 생각해야 한다. 보고서는 누구나 작성하지만 인정받는 보고서는 그리 많지 않다. 다시 말하면 누구나 만들지만, 모두가 인정받는 것은 아니라는 뜻이다. 예컨대 시장에는 하루에도 수만 건의 신제품이 쉴 새 없이 쏟아져 나오지만, 고객들의 시선을 잡는 데 성공한 제품은 고작 10% 정도에 불과하다고 한다. 고작 10%의 제품만이 상품으로서의 가치를 인정받는다. 또한 제품은 제조의 개념이고, 상품은 판매의 개념이라는 것은 누구나 안다. 우리는 가게에 진열되지 못하는 제품을 상품이라 부르지 않는다. 보통 '제품'이라고 하면 공장에서 만든 물건 자체를 말한다. 반면에 상품은 사고팔 수 있느냐의 개념이다. 일정한 가치를 인정받을 수 있어야 한다는 의미가 내포되어 있다. 그래서 우리는 백화점에 진열되지 않은 제품, 또는 판매할 수 없는 제품을 상품이라고 부르지 않는 것이다.

마찬가지로 보고서에도 제품과 상품이 있다는 사실을 기억했으면 좋겠다. 고객이 누구인지, 또 고객에게 어필할 수 있을 것인지를 염두에 두고 만들어야 한다는 얘기다. 지금부터라도 자신이 쓴 보고서의 '상품 가치'를 인정받을 수 있도록 힘써 보자.

5. 가설 사고로 새로운 시각을 찾자

영업부서에 있을 때였다. 한 번은 그해 매출이 지속해서 증가하리라고 낙관하던 분위기 속에서 워닝 메시지*Warning Massage*를 던진 적이 있다. 매출 변화를 조사하던 중 아무래도 경쟁사 가격 공세 시그널이 예사롭지 않았다. 과거 2~3년 전에도 그와 유사한 일이 있었고, 그때 당사의 시장 점유율 하락 및 매출 감소에 적잖이 영향을 줬던지라 그냥 넘어갈 수 없었다. 결국, 나는 영업팀에 워닝 메시지를 전하면서 적절한 타이밍에 올바르게 대처하도록 조치했다.

가설 사고의 관점에서 보면 과거에 유사한 경험이 있다는 건 매우 중요한 기준이 된다. 적중 가능성을 높여 가설에 신뢰성을 부여하기 때문이다. 여기서 가설 사고 또는 가설 지향적 사고란 문제 해결 내지는 근본 대책을 세워감에 있어 자신의 경험이나 그 경험을 통해 얻은 논리, 지식 같은 한정된 정보만을 가지고 업무를 기획할 때 쓰는 방식을 말한다. 그러니까 "전체를 분석하거나 조사할 시간이 없을 때 아마 이것이 문제가 될 것이다."라는 관점에서 출발하는 방식이라고 보면 된다. 가설 사고는 분명 변화무쌍하고 스피드가 경쟁력인 시대에 제법 유익한 도구라 하겠다. 그래서 가설 사고는 제한된 시간 안에 문제를 해결할 때 주로 사용한다. 예를 들면 이렇다.

"최근에 불량 제품 반품이 증가하는 문제는 알고 보면 제품에 문제가 있어서라기보다는 포장 이슈 때문인 것 같아."
"상품 출하 프로세스에 문제가 있어서 배송이 늦어지는 것 같아."
"국내 고객들에게 판매하는 양이 많지 않아서 다음 분기 매출은 감소할 것 같아."

이렇게 가설 지향적 사고는 원인을 단정 지을 수 없지만 아마도 이것이 원인일 것이라 가정하여 결론을 내리는 방식이다. 그러므로 자기 경험이나 느낌을 기준으로 하여 누구나 생각해보기 쉽다. 데이터를 수집하고 분석하기 전에 과정이나 결과를 추정해보기만 해도 되기 때문이다. 다만 개인의 경험이나 느낌처럼 아주 미미한 정보가 기준이라 설득력이 떨어지거나 미심쩍다고 느낄 수도 있다. 하지만 지금은 스피드를 요구하는 시대이므로 경우의 수를 몽땅 조사하기는 번거로운 데다 아무 시도도 하지 않아서 중요한 기회를 잃는 것보다는 부족하나마 가설 지향적 사고로 문제를 해결해보는 것도 괜찮다고 본다. 짧게 결론을 내린 다음 개선을 위한 활동으로 넘어가도 되니 말이다.

좋은 가설의 특징은 무엇인가?

첫째, 잠정적인 결론을 내릴 수 있다.

좋은 가설은 단순히 'A는 B일 것이다'와 같은 단순한 방식으로 결론을 맺는 게 아니라 '그래서?, 왜?'와 같은 질문에 답할 수 있는 문장으로 정리되어야 한다. 예컨대 'A는 이러이러한 문제가 있어서 B와 같은 일이 발생한 것 같다.'라는 식으로 말이다.

둘째, 개선 활동으로 이어진다.

좋은 가설일수록 구체적인 대안이나 전략 도출로 이어져야 한다. 따라서 해결책이나 전략을 제시할 수 있는 가설을 설계하려면 깊이도 깊이지만 구체적인 실행이 가능하도록 해야 한다.

셋째, 베스트 가설이 아니라 색다른 가설을 추구한다.

회사 내 보고서에는 수많은 사실과 주장이 있다. 그것들을 죄다 분석하여 검증하는 것은 비효율적일 뿐만 아니라 현실적으로 불가능하다. 따라서 수많은 사실과 주장 속에서 중요한 내용이나 경영진들에게 의미가 있는 보고 아이템이면 검증해볼 만한 가치가 있는 가설이다.

가설 검증을 위한 활동

가설은 말 그대로 임시로 만들어진 것이기에 정설로 확정할 필요가 있다. 가설을 정설로 확정하는 절차가 바로 검증이다. 실제로 가설은 검증 단계가 없으면 단지 소설에 불과하다. 검증이 되지 않는 가설이라면 아쉽지만 과감하게 폐기하는 것이 좋다. 검증되지 않은 가설을 놓고 우기는 것은 고집일 뿐이기 때문이다.

가설을 검증하는 방법에는 여러 가지가 있다. 제품이나 공정 개발자, 데이터를 만지는 프로그래머들은 검증하는 과정에서 신뢰도를 높이려고 실험 방법이나 통계 검증과 같은 과학적인 방법을 사용하곤 한다. 하지만 나와 같은 일반 사무직들의 업무기획 과정은 검증에 필요한 정보를 분석하는 방법이 일반적이다.

검증하는 과정에서 운 좋게 한 번 만에 가설을 입증하는 경우도 있지만, 보통은 여러 차례 되풀이하는 검증 과정이 필요하다. 가설 수정과 검증을 반복적으로 시행해야 한다는 얘기다. 만일 좋은 가설을 세웠다고 자신한다면 분석과 정보 수집의 과정을 통해 가설을 조금씩 보완하고 수정해 나가면 된다. 혹시 정보의 양이 부족하다 싶을 경우에는 자신의 직감을 우선적으로 믿고 넓은 범위에서 시작하여 점차 폭을 좁혀가는 것도 좋다. 그런 다음 2~3회 반복을 통해 정설을 만들어 나가면 된다.

앞서 예를 든 바와 같이 내가 제시한 워닝 메시지, 즉 판매 감소 예측에 대한 가설은 이를 검증하려면 관련 분야의 정보를 필히 분석해야 한다. 우선 신흥국의 경기를 조사해야 하고, 해당 제품군의 경쟁사 동향을 분석해야 한다. 그런 다음 경쟁사의 판매 전략을 분석하기 위해 해당 지역의 판매 현황을 분석하고, 모여진 정보를 바탕으로 가설을 수정해 나가야 한다. 그러고 나서 정설에 가까워졌다면 판매 리스크는 더 이상 가설이 아닌, 대비하고 대책을 세워야 하는 현실이 된다. 이렇듯 가설은 손실 발생을 미연에 방지하는 기능도 한다. 그럼 구체적으로 가설 사고가 주는 유익한 점이 무엇인지 알아보자.

첫째, 큰 그림을 놓치지 않는다.

답의 모형을 생각하며 문제를 풀다 보면 디테일한 함정에 빠질 우려가 있다. 하지만 지금 하는 작업이 최종 답에 어떤 의미를 줄까 하는 큰 그림을 생각하면 디테일한 함정에 빠지지 않는다.

둘째, 속도와 시간 엄수를 보장한다.

설령 프로젝트 기간을 2/3로 줄인다 해도 그때까지의 답은 알고 있는 것이다. 검증이 필요한 사항만 명기하면 프로젝트 답이 항상 있으니까. 물론, 품질을 위해 그렇게 하지는 않겠지만, 마무리 시점을 보며 움직이기 때문에 무리한 행동을 하지 않는다. 필요한 정보를 취합해 답을 빨리 낸다는 장점이 있는 것이다.

셋째, 새로운 시각을 쌓아간다.

생각할 수 있는 가설이나 반대로 절대 일어날 것 같지 않은 가설을 세워보고 난 다음 검증하는 과정을 통해 프로세스를 더욱 견고하게 만들어간다. 수많은 사실과 주장 속에서 의미 있는 일을 선제적으로 찾아서 능동적으로 해결한다면 좋은 평가를 받게 될 것이다.

6. 이슈 거리를 찾아내는 방법

경영상의 이슈는 모두 숫자를 동반한다. 현실적으로 숫자로 표현되지 않는 이슈는 이슈라고 부르지 않는다. 다시 말하면 경영에 영향을 미치는 이슈라면 숫자로 표현할 수 있어야 한다. 한 예로 영업 부서에서는 고객의 수요가 늘면 생산 라인에서 이를 충족시킬 수 있는지 자원 운용 계획을 점검하기 시작한다. 혹 생산 라인 쪽에서 고객 수요를 100% 수용하지 못할 경우엔 좀 더 투자하거나, 생산성을 높이거나, 그것도 안 되면 공급을 미뤄야 한다. 반면에 고객의 수요가 줄어들면 이번에는 투자를 미루거나 공급을 당겨서 생산 라인 가동률을 높이는 비축 생산을 결정해야 한다. 고가의 설비를 사용하는 라인에서는 가동률이 회사의 이익과 직결되기 때문이다.

이렇듯 경영의 모든 이슈는 매출 계획에서부터 시작된다고 해도 지나침이 없다. 특히 매출 계획은 모든 검토의 중심에 있는 탓에 일이 진행되도록 하는 과정에서 검토해야 할 사안이 한둘이 아니다. 시장 및 경쟁사 동향에 따른 당사의 전략을 매출 계획에 제대로 반영했나부터 시작하여 다방면으로 꼼꼼히 살펴봐야 한다. 그렇지 않으면 생산은 물론 투자, 수익성 검토에 차질이 빚어진다.

내가 하는 일도 이처럼 늘 이슈의 중심에 있다. 그러다 보니 어떤 사안이 이슈가 되는지 내 나름대로 구별할 수 있는 분별력이 생겼다. 사람들은 이슈라고 하면 뭔가 거창한 그 무엇이라고 생각하지만 실은 그렇지 않다. 사실 알고 보면 이슈는 간단하다. 이슈는 특징이라고 생각하면 쉽다. 특징을 포착해낼 수만 있다면 이슈도 찾을 수 있는 것이다. 그렇다면 과연 어떤 것이 이슈가 되는 것일까?

첫째, 상사들의 관심사다.

평소에 상사들이 어떤 생각을 하고 무엇에 관심이 있는지 파악해 두면 좋다. 상사와 같은 관점에서 문제를 바라보면 한 방향으로 일하게 된다.

둘째, 부서 간에 견해가 명확히 갈리는 주제다.

팀 간에 입장의 차이가 극명하게 나타나는 안건은 쉽게 이슈거리가 된다. 이런 안건은 예상하기도 쉽다. 일하면서 갈등이 예상되는 안건들을 이슈로 분류하면 되니까.

셋째, 장단점을 놓고 의사결정을 해야 하는 주제다.

어떤 일을 결정할 때면 가끔 문제가 발생하곤 한다. 장단점이 명확해서 어느 쪽을 선택한다 하더라도 찬반양론이 발생하는 안건이라면 쉽게 이슈 거리가 된다.

넷째, 회사 또는 프로젝트에 미치는 영향이 지대하다.

아무래도 매출에 미치는 영향이 클수록 이슈가 될 수밖에 없다. 당장은 아닐지라도 미래를 내다봤을 때 기회 손실이 발생할 부분이 있다면 그 크기가 어느 정도인지 매출로 표현해보면 좋을 것이다.

결과적으로 직장에서 이슈는 상사의 관심도가 높거나 경영진이 의사결정을 해야만 하는 사안들이다. 파급력이 있는 사안이라고도 하겠다. 그러므로 어떤 방향으로 의사결정이 이루어질지, 한 이슈가 어느 정도의 파급력이 있는지 알려면 해당 이슈를 평가해봐야 한다. 이때 이슈를 대함에 있어 자기 의견이나 주장을 펼쳐보면 좋다.

이슈의 특징을 살펴봤다면 이제는 사람들의 관심사에 부합할 만한 특정한 이슈를 어떻게 찾아내면 되는지 그 방법에 대해 생각해보기로 하자. 직장에서 크게 이슈가 되는 테마는 이미 정해져 있다고 봐야 한다. 예컨대 특정 프로세스에서 매끄럽지 못한 것이 있거나 이상하다고 느껴지는 부분이 있다면 일단 이슈가 될 가능성이 있다. 이슈라면 앞에서 볼 때는 매끄러운 것 같아도, 옆이나 뒤에서 보면 반드시 튀어나온 부분이 있거나 굴곡이나 스크

래치가 있기 때문이다. 그러한 것들을 콕콕 집어낼 수 있다면 당신은 이슈를 선점할 수 있다. 다음은 이슈를 찾아내는 구체적인 방법이다.

첫째, 과거를 복기한다.

현재 진행 상황을 과거 실적에 비추어본다. 그러면 현재 진행되는 일이 과거보다 좋아지고 있는지 나빠지고 있는지를 분석할 수 있다. 과거보다 나빠지고 있다면 이슈가 될 수 있다. 그것이 매출이라면 지난 분기, 전년 동기와 비교해보고 과거 3년간 월별, 분기별 트렌드를 살펴보라. 그리고 신제품 개발 이슈라면 개발 인력 대비 목표가 과다한 것은 아닌지 과거의 실적과 비교해볼 필요가 있다. 사실 이런 이슈는 매년 반복되기 때문이다.

둘째, 시장 상황과 연관지어 생각한다.

시황의 변동은 이슈를 제기하기에 아주 좋은 아이템이다. 예컨대 시장의 트렌드나 거래선의 이슈, 경쟁사의 상황 등은 신문 보도 자료에서도 쉽게 접할 수 있다. 그런데 여기까지는 뉴스, 그러니까 단지 새로운 사실일 뿐이다. 기자들에게는 이슈가 될 수 있어도 회사에서는 이슈가 되지 못한다는 말이다. 우리는 회사에 맞는 이슈를 만들어야 한다. 이슈는 이것저것 연관되었을 때 발생하는 경향이 있다. 따라서 먼저 우리 회사의 사업과 어떻게 연관되는지를 살펴보라. 그러면 거기에 맞는 예상 시나리오를 만들 수 있다.

셋째, 변동점이 있는지 확인한다.

이따금 한번 세운 계획에 변동이 발생할 때가 있다. 계획보다 좋아지거나 나빠지는 경우다. 어쨌거나 변동은 항상 둘 중 하나일 것이다. 이렇게 계획에 증감이 발생했다면 그것은 가장 이슈화하기 쉬운 아이템이라고 보면 된다. 무엇보다 변동 발생 사유와 변동에 따른 영향도를 파악해야 좋은 이슈 거리다. 사실 변동 자체는 이슈라기보다는 현상에 가깝다. 현상에 따른 영향이 어느 정도가 될지 생각해봐야 한다.

넷째, 기준점에 변동 혹은 특이점이 있나 확인한다.

부서 간의 역할을 비교해 보았을 때 관점이 상충하는 일은 반드시 있기 마련이다. 부서 간의 견해나 문제를 바라보는 시각이 같을 수는 없기 때문이다. 예컨대 영업팀은 매출, 마케팅팀은 가격, 지원팀은 손익을 책임지며 생산팀은 가동률을 책임진다. 이때 가동률을 높이기 위해 가격을 낮추어 공급량을 늘린다고 하자. 그럼 손익이 나빠질 것은 불을 보듯 뻔하다. 바로 이것이 특이점이다. 왜냐하면 영업의 활동이 타부서에 영향을 미치기 때문이다. 이런 특이점은 아주 좋은 이슈 거리라 하겠다.

6장

듀얼 해피니스의 완성

1. 데드라인은 생산성을 극대화한다

학창 시절, 시험 전날 밤엔 왜 그리 집중이
잘되던지, 일분일초가 평상시 한 시간과 맞
먹을 정도로 느껴졌다. 그동안 그토록 외워
지지 않던 영어 단어가 어찌나 술술 외워
지는지 신기하기까지 했다. 하지만 다음 날
이 시험인지라 못내 아쉬운 마음을 달래며
잠자리에 들어야만 했던 기억이 난다. 그럴
땐 마음속에 후회가 물밀 듯 밀려든다. 단
하루만이라도 더 이렇게 공부했더라면 얼
마나 좋았을까…. 아마도 벼락치기를 해본
사람이라면 이와 비슷한 경험이 한 번쯤은
있을 듯하다.

회사에서도 마찬가지다. 프로젝트 발표
전날 밤이면 그리도 생각나지 않던 기획안
이 웬일로 샤워를 하거나 잠자리, 또는 산

책하면서 불현듯 떠오르곤 한다. 그러면 다음 날 아침 긴장감 속에 초치기로 기획안을 수정해서 발표한다. 아, 참으로 알 수 없는 일이다. 기막힌 아이디어가 왜 평상시에는 떠오르지 않다가 하필 시간이 촉박한 상황에 이르러서야 떠오르는지.

바로 데드라인이다. 시간 내에 반드시 결과를 내야 한다는 강한 일념이 만들어낸 결과라고 볼 수 있다. 이 사실을 알고 난 후로 아이디어가 궁색할 때면 오히려 적극적으로 데드라인을 활용한다. 때로는 데드라인을 앞당겨서 언제까지 뭘 해야 할지 미리 계획하는 경우도 있다. 보고서나 업무기획안 등을 작성할 때는 늘 신선한 아이디어가 필요하기 때문이다. 예컨대 어떤 관점, 어떤 콘셉트로 일을 진행해야 할지 정해야 하는 경우는 아이디어만 있으면 80%는 일이 해결되기도 하니 말이다. 이렇게 일이 어느 정도 해결됐다고 생각하면 마음이 든든하고 느긋해진다. 데드라인의 덕을 톡톡히 본 것이다.

본래 데드라인이라는 용어는 미국의 남북전쟁 때 포로수용소에서 유래되었다. 당시 수용소에서는 포로들이 담을 넘거나 굴을 파서 탈옥하지 못하도록 담으로부터 6미터 거리에 데드라인을 그었다. 그리고 그 선을 넘어서는 포로들은 감시병들이 마음대로 사살할 수 있었다. 이렇게 삶과 죽음을 갈랐던 데드라인이 지금은 시간적인 제한을 뜻하는 용어로 사용되고 있다.

한편 직장에선 데드라인이 문자 그대로 넘으면 '죽는 선'이란 뜻으로 반드시 지켜야만 하는 일정을 의미한다. 직장인이라면 데드라인을 지키려는 가운데 온몸이 찌릿찌릿해지는 긴장감을 느끼기도 하고, 데드라인을 아슬아슬하게 지키고 난 뒤에 맞는 짧고 달콤한 휴식을 경험해 보기도 했을지 모른다. 그런데 데드라인은 필요에 따라 미룰 수 있다고 생각하는 사람도 더러 있는 듯하다. 대개 그런 사람들은 평소에 느긋하게 일하다가 마감일이 다가오면 그제야 뭔가를 해보려고 허둥지둥한다. 하지만 결과는 뻔하다. 약속기한을 지키지 못하는 경우가 다반사다. 누구에게나 똑같이 주어지는 시간이지만 어떤 사람은 데드라인을 지키고 여유로운 하루를 보내는데 비해 어떤 사람은 시간에 쫓기며 허둥지둥 살아가고 있는 것이다.

어차피 정해진 시간이라면 데드라인을 잘 활용하자. 데드라인을 잘 활용하면 쓸데없이 낭비하는 요소를 제거할 수 있고 목표나 계획을 앞당겨 성취할 수 있다. 우선 데드라인이 주는 긴장감을 활용해 제 나름의 데드라인을 구체적으로 정해본다. 예컨대 '다음 주까지 목표 설정하기'와 같은 구체적이지 못한 목표는 흐지부지되기 십상이다. 그보다는 '다음 주 수요일까지 기획(안) 만들기'라든가 '오후 3시까지 주간보고 초안 공유하기', '금요일 이슈 점검 회의 셋업 및 회의 자료 만들기' 같이 되도록 구체적으로 목표를 정해야 한다. 그러면 적당한 긴장감이 기한 내에 목표를 달성할 수 있도록 도와줄 것이다.

데드라인은 업무 효율을 높이고 생산성을 극대화하는 최상의 도구다. 뚜렷한 데드라인이 없다면 '다음 주까지만 하면 되겠지'라든가 '아직 시간은 충분해', '어떻게든 되겠지'라고 낙천적으로 생각하게 된다. 하지만 낙천적인 생각이 언제나 좋은 것만은 아니다. 때론 일의 효율성과 생산성을 극대화하는 데 방해 요소가 되기도 한다. 그런 의미에서 일상의 사소한 일들까지도 데드라인을 명확히 설정해보자. 효율을 극대화하고 싶다면 다소 빠듯하게 잡는 것도 도움이 된다.

아울러 업무상 정해진 타율적인 데드라인일지라도 되도록 자신에게 맞게 바꾸는 습관이 필요하다. 회사의 프로젝트나 수명 업무처럼 남이 정해 준 데드라인일 경우도 시간을 정해 자기만의 데드라인으로 잡아보자. 내 경우는 업무 초반에 심혈을 기울이는 편이다. 해당 업무의 콘셉트나 방향을 정해 두면 실행은 수월해지기 때문이다. 이러한 과정을 '업무 기획 과정'이라고 부르는데, 이 과정에서 나만의 데드라인을 자주 활용하곤 한다.

데드라인을 어떻게 효율적으로 사용할 것인가?
첫 번째, 나만의 예비 데드라인을 정한다.

하루라도 더 빨리 일을 마무리 지을 수 있도록 계획을 세워두면 기한을 지키기가 훨씬 수월하다. 상사 입장에서도 원하는 마감 기한보다 최소 하루 전에 일찍 보고하고 중간에 진행 과정에 대해 알려주는 직원이라면 긍정적으로 평가할 것이다. 한 발 더 나아가 어렵고 중요한 업무일수록 초반 스케줄을 빠듯하게 잡아보기 바란다. 그래야 업무 완성도를 높일 수 있고, 예상치 못했던 돌발 상황이 발생하거나 그보다 더 긴급한 업무가 발생하더라도 당황하지 않게 된다.

두 번째, 일의 목적을 곱씹어 본다.

목적과 성과에 대한 이미지를 머릿속에서 그려볼 때 적절한 아이디어가 불현듯 떠오를 수 있다. 내 경우는 틈틈이 휴식을 활용한다. 책상에 앉아 컴퓨터를 보고 있으면 생각하는 각도가 좁아져서 일의 목적을 깊게 생각하기 어렵다. 그럴 땐 잠깐 책상에서 벗어나 차를 한잔 하거나 혼자만의 공간과 시간을 가져본다. 그러면 좀 더 객관적으로 일의 목적을 바라볼 수 있어 좋은 그림을 그릴 수 있다. 처음에는 백지 위에 생각나는 대로 그리기 시작하지만 지우고 다시 시작하는 과정을 되풀이하면서 점차 원하는 그림이 완성된다.

세 번째, 다른 사람에게 내가 정한 데드라인을 선언한다.

책임감이 생기기에 자존심을 걸고 일하게 된다. 설령 지키지 못해서 몇 번이나 늦어질지라도 자신이 말한 것 때문에 다시 최선을 다할 가능성이 높다. 여기서 중요한 것은 스스로 긴장감을 불어 넣어줄 수 있다는 점이다. 게다가 주위에 선언하다 보면 자연스레 동료들과 업무를 공유하게 되고 거꾸로 동료들한테서 아이디어를 얻게 되는 경우도 발생한다.

네 번째, 사소한 일들은 자동 알림을 설정한다.

자꾸 데드라인을 생각나게 하는 방법이다. 회사 시스템을 통해 또는 디지털 디바이스로 다양한 작업을 처리할 수 있다. 대개 대형 프로젝트의 경우는 부서 간에 또는 팀원 간에 업무를 배정하고 마감일을 정하여, 진행 과정을 시각화해 볼 수 있는 시스템이 필요하다. 사소할지라도 일이 지연되거나 변동이 생기면 경고하는 내용을 담은 알람을 이메일로 공유할 수 있도록 설정하는 것이다.

시간 경영은 데드라인을 설정하는 데에서부터 시작한다고 생각한다. 소위 주위에서 잘 나가는 사람들의 특징이 있다면 바로 철저한 시간 경영이다. 그들은 자기가 목표하거나 누군가와 약속한 일은 무슨 일이 있어도 반드시 지키는 습관이 배어 있다. 만약 남과 다른 삶을 살고 싶고 시간 부자로 살아가길 원한다면 데드라인을 정해서 시간의 생산성을 극대화 해보자.

2. 선택과 집중은 곧 '포기'다

세계적인 명성의 경영학 대가인 짐 콜린스는 그의 저서 『좋은 기업을 넘어 위대한 기업으로』에서 이렇게 말한다.

"기업이 진정으로 성공하지 못하는 결정적 이유는 단 하나 치명적인 단점, 바로 좋은 것에 머물기 때문이다. 그저 좋다는 것은 단지 좋은 것에 불과하다. 진정한 성공이란 좋은 것 이상의 더 큰 무엇, 즉 위대한 것이어야 한다. 특히 단지 좋은 것이 아니라 잘하는 것에 집중해야 한다."

선택과 집중에 대해 짧고도 명료하게 설명한 말이 아닐까 싶다. 솔직히 직장인들은 좋아 보이는 것, 멋있는 것에 집중하는 경향이 없지 않아 있다. 남에게 자신을 과시하고 싶은 마음에서 그러는 듯한데, 짐 콜린스는 좋은 것에 머물지 말라고 조언한다. 위대한 성공은 좋은 것보다는 잘하는 것을 선택해 집중할 때 이룰 수 있다는 얘기다.

살아가면서 우리는 수많은 선택의 갈림길에 서게 된다. 진로, 취업, 결혼, 재테크는 물론 하다못해 오늘 점심은 뭘 먹을까, 무슨 색깔의 옷을 살까, 날이 흐린데 우산을 갖고 갈까 말까 하는 등 헤아릴 수 없이 많은 선택 앞에서 거듭 고민한다. 한 번의 선택이 인생을 좌우한다는 말이 있듯 탁월한 선택을 해서 성공적인 인생을 살 수도, 반대로 선택을 잘못하는 바람에 인생을 망칠 수도 있기 때문이다. 그런데 인생 중반의 나이에 되돌아봤을 때 물론 탁월한 선택도 중요하지만, 그보다는 자신이 선택한 길, 또는 지금 있는 자리에서 무엇에 어떻게 집중했느냐가 더 중요하다는 생각이 든다.

과거 해외 영업 파트에서 일할 때였다. 회사 내에서 친선 축구 경기를 하다 다리가 접질리면서 무릎 연골이 파열되는 사고를 당했다. 다행히 인대에는 이상이 없어서 반 깁스만으로 버틸 수 있었다. 그런데 며칠 뒤 어이없는 사고를 또 당하고 말았다. 동네 빵집에 갔다가 어이없이 미끄러지는 바람에 이번에는 무릎 십자 인대가 아예 뚝 끊어져버렸다. 그 결과 두 번에 걸쳐 무릎을 수술하면서 두 달 정도 회사를 쉬어야만 했다.

진짜 문제는 입원 후에 벌어졌다. 회사로 복귀해보니 뜨악한 상황이 나를 맞이해 주었다. 당시 나는 일본 영업 매출의 상당 부분을 차지하고 있는 도쿄 담당이었는데, 내가 없는 사이 조직이 개편되어 있었다. 다른 동료가 도쿄 영업을 맡게 되고 나는 생뚱맞게도 매출이 얼마 안 되는 오사카 영업 담당으로 전락해 있었던 거였다. 아, 정말이지 기가 막히고 코가 막히는 상황이었다. 그뿐이 아니었다. 오사카 영업 파트에는 일을 완벽하게 처리하는 직원이 이미 포진해 있었다. 내가 끼어들 틈은 눈을 씻고 봐도 그 어디에도 없었다. 몹시 당황스럽고도 절망스러웠다.

마음이야 괴롭지만 계속 그러고 있을 수는 없기에 우선 마음부터 비운 다음 이 물음을 계속 되풀이했다.

'이제부터 내가 할 일은 대체 무엇일까?'

생각 끝에 내린 결론은 이랬다. 어차피 중요한 일은 다른 사람이 하니까 깔끔하게 인정하고 다른 일거리를 찾아보자. 가만 보니 부서 내 모든 직원이 오사카 거래선들의 프로젝트 가운데 내부 개발이 어떻게 이루어지고, 스케줄은 어떻게 잡는지와 같은 눈에 보이는 일에만 신경 쓰는 것 같았다. 바로 이거다 싶었다. 아무도 보지 못하는 고객의 정보를 파악해보면 좋겠다는 생각이 들었고 이에 집중하기로 했다. 그때부터 우리 회사 직원들이 만나는 고객 중 프로젝트를 확보하는 데 있어 결정적 역할을 맡은 상대 거래선의 키맨들을 들여다보기 시작했다. 그러니까 키맨들이 도대체 누구이고 무슨 생각을 하는지, 또 어떤 성향의 사람이며 무슨 음식을 좋아하고 골프는 얼마나 치는지까지 일일이 조사했다는 소리다. 그리고 나서 이 세밀한 내용을 가지고 '고객 프로파일'을 작성해 놓았다.

고객 프로 파일을 본 직원들은 실로 놀라움을 금치 못했다. 다들 내부만 쳐다본 탓에 고객 중 실제적인 키맨들을 제대로 파악하지 못했으니까. 나는 이 파일을 기반으로 해 키맨들과 친근한 관계를 쌓기 위해 부지런히 움직였다. 아니나 다를까 고객들은 결정적인 문제가 생기면 곧바로 나를 찾았다.

참, 아이러니하게도 그 다음 해에 도쿄 주재원으로 나간 건 도쿄 영업을 맡았던 친구가 아니라 바로 나였다. 흠, 좌우지간 인생은 한 치 앞을 알 수 없기에 아름다운가 보다.

선택과 집중은 '포기'가 아닐까? 사람들은 왠지 선택보다 포기를 더 어려워하는 듯하다. 둘 중의 하나를 선택하라고 하면 쉽게 마음을 정하지만, 하나를 포기하라고 하면 쉽사리 결정을 내리지 못하는 경향이 있다. 그럼 거꾸로 생각해 보자. 포기해야 한다고 생각하면 마음이 어려울 수 있으니 선택과 집중이라 생각하는 것이다. 자, 어떤가? 그렇게 생각하면 마음이 좀 편해질 것 같지 않은가? 물론 이것저것 다 할 수 있다면 더할 나위 없을 터다. 하지만 아무래도 우리에겐 한계가 있고 또 그 한계를 빨리 인정하는 것도 때론 필요하다고 본다. 어떤 이들은 마음이 상할 대로 상하면서도 무언가를 포기하지 못하고, 또 어떤 이들은 열리지 않는 길을 뚫고 들어가려고 부단히 노력한다. 한데 이제껏 내 경험으론 일이 잘 안 풀릴 땐 마음을 내려놓고 잠잠히 기다리다 보면 오히려 뜻하지 않게 좋은 길을 발견하곤 했다.

만일 그때 내가 남들 눈에 띄는 일만 하려고 했다면 이미 포진해 있던 직원들과 피 터지게 싸울 수밖에 없었을 것이다. 그리 되는 건 바라지 않았다. 해서 내부 업무를 과감히 포기하고 관점을 바꿔 남들이 보지 못하는 영역을 선택해 집중하기로 한 것이었다. 결과 면에서 보아도 탁월한 선택이었고, 당시 처한 상황에서 취할 수 있는 최선의 방법이었다.

선택과 집중, 생산성의 삼각관계

사람들은 생산성이 높아지는 방법이라면 눈에 불을 켜곤 한다. 그런데 생산성이라는 것이 일을 열심히 한다고 해서 저절로 높아지는 것은 아니다. 그래도 한 가지 분명한 것은 생산성은 선택, 집중과 불가분의 관계가 있다는 사실이다. 과연 생산성은 이들과 어떻게 관련이 있으며, 또 어떻게 하면 생산성이 높아지는 걸까?

첫째, 잘할 수 있는 일에 집중한다.

경쟁하지 않고도 최고가 될 수 있다면 더는 바랄 게 없겠지만 현 상황은 그렇지 않다. 게다가 수평적 조직 문화도 염두에 둔다면 부서 내에서 당신이 가장 잘할 수 있는 일에 자신을 포지셔닝하는 것이 매우 중요하다. 먼저 자신의 핵심역량이 무엇인지 생각해보라. 그런 다음 나를 수식하는 문장을 만들어보자. 혹여 핵심역량이 없다고 생각한다면 자신이 잘할 수 있을 것 같은 분야를 정하고 동료들에게 듣고 싶은 문장을 적어 봐도 좋다. 예컨대 이런 문장이다.

"데이터 처리는 김 대리가 최고야! 그 많은 데이터에 오류가 하나도 없네. 역시 김 대리는 신뢰할 수밖에 없어."라든지, "회의 운영은 홍 차장이 잘한다니까! 회의 운영 좀 봐, 프로급이잖아." 또는 "대외 부서 협상은 누가 뭐래도 김 차장이야. 봐, 노이즈 없이 깔끔하다니까." 등등.

이런 문장을 적은 다음 그 분야에 집중해 보자. 무엇보다 내가 잘할 수 있는 일을 찾는 것이 중요하고, 게다가 하면 할수록 즐겁고 지치지 않는 일이면 금상첨화라 하겠다.

둘째, 프로답게 일하자.
예전에 간혹 프로답게 일하라는 상사들의 말을 들을 때면 업무의 결과물이 아니라 업무량으로 평가하겠다는 의미로 들리곤 했다. 그래서 일의 결과물이야 어떻든 간에 상사의 눈에 띄는 것이 최고라고 여겼다. 상사의 그림자가 되어 붙어 다녔고, 야근을 많이 해야 상사가 좋아할 듯해서 야근을 밥 먹듯이 했다. 하지만 프로답게 일하라는 것은 상사의 눈치나 보고 워커홀릭이 되라는 뜻이 아니라는 사실을 나중에 깨달았다. 프로답게 일하라는 것은 모두에게 똑같이 주어지는 시간을 가지고 최대의 성과를 거두기 위해 지혜를 발휘하라는 얘기다. 예컨대 일의 경중과 자신의 능력, 소요 시간 등을 고려해 동료들과 일을 적절히 나누고 시간과 에너지를 결과물에 맞추어 사용하도록 노력해보는 것이다.

나의 경우, 자동차 회사를 다니다가 전자 회사로 옮기면서 완전히 새로운 일을 접하게 되었다. 우리 부서엔 일을 꽤 잘하는 친구가 하나 있었는데, 아마도 그 친구가 나를 경쟁자로 여겼던 모양이다. 그는 일을 혼자서만 쥐고 나한테 전혀 주지 않은 건 물론이고 가르쳐주려고도 하지 않았다. 혹시나 지금도 이런 친구들이 있나 모르겠다. 있다면 이렇게 말해주고 싶다.

"일은 절대 혼자서 하는 것도 아니고 할 수도 없다."

협업해야 한다. 혼자서 일을 다 한다 하더라도 그럴수록 동료들과의 관계는 나빠지고 생산성은 떨어지게 되기 마련이다. 생산성은 자신의 능력과 일을 제대로 파악해서 동료들과 서로 분담할 때 훨씬 높아진다.

셋째, 집중할 수 있는 시간을 확보한다.

사실 집중력에는 한계가 있다. 특히 직장인은 업무 시간이 정해져 있는 탓에 주야장천 일에 매달릴 수도 없는 노릇이다. 또한 일에만 매달린다고 해서 좋은 결과가 나오는 것도 아니다. 대개 사람이 최대로 집중할 수 있는 시간은 2시간 내외라고 한다. 영화 상영 시간이 대부분 2시간 내외인 이유도 바로 그 때문이라는데, 2시간이 넘어서는 순간 사람은 피로감을 느끼기 시작한다는 것이다. 선택도 중요하지만, 집중이 더 중요한 이유가 여기에 있다. 그런데 집중할 시간을 확보하는 문제는 실상 관리자에게 달려 있다고 봐도 무리가 아니다. 후배 사원들은 아무리 개인성과에 관련된 일에 집중하고 싶어도 상사가 자율권을 보장해주지 않으면 실행하기 곤란하기 때문이다. 업무의 생산성과 효율성을 높이고 싶다면 관리자가 함께 일하는 팀원들에게 집중할 수 있는 시간을 충분히 보장해주어야 한다.

예컨대 회의에 참석할 때, 여럿이 우르르 몰려다닌다고 무조건 좋은 성과가 나는 것은 아니다. 꼭 필요한 사람만 들어가는 것도 성과를 내기 위한 하나의 방법일 수 있다. 하지만 그렇게 생각하지 않는 상사가 많은 것 같다. 모조리 참석하라고 명령 아닌 명령을 내리는 경우가 다반사니 말이다. 그러면 후배 사원들은 울며 겨자 먹기로 일을 하다 말고 회의에 들어가야만 한다. 일에 집중하려야 집중할 수가 없는 것이다. 이럴 때 상사가 후배 사원들에게 자율권을 주면 얼마나 스마트한 상사겠는가. 본인이 목표한 일을 마쳤으면 그 다음은 알아서 하도록 유도한다면 더더욱 좋고. 그럼 후배 사원들은 빠른 시간 내에 업무를 끝내려고 앞 다투어 일할 것이 틀림없다.

넷째, 업무 효율을 높이려면 한 번에 한 가지씩 한다.

일반적으로 사람들은 한꺼번에 여러 가지 일을 처리하고 싶어 하고 또 그렇게 하려고 노력하는 경향이 있다. 그런데 한 기사를 보니 발명왕 에디슨은 그리 생각하지 않은 모양이다. 에디슨은 성공비결로 한 번에 한 가지만 집중하라고 충고한다. 이 말에 전적으로 동의한다. 멀티태스킹이 대세인 시대라고는 하지만 업무에서만큼은 이 상식이 통하지 않는다고 생각한다. 실상 업무에는 한꺼번에 많은 일이 아니라 우선순위라는 것이 존재한다. 게다가 일의 우선순위는 본인이 임의로 정한다 하더라도 일을 처리하는 데 있어 방해 요소도 시시때때로 몰려온다. 나름은 긴급 업무라 생각해 열심히 집중하고 있는데 별안간 상사나 다른 부서에서 긴급 업무라며 빨리 처리해 달라고 하는 경우가 그렇다. 이럴 때 당신이라면 어떻게 하겠는가? 나 같은 경우는 제아무리 긴급한 업무라고 야단해도 내 긴급 업무를 방해할 때에는 정중하게 거절하거나 우선순위에서 떨어지는 이유를 설명해 준다. 긴급한 일은 언제 어디서나 차고 넘친다고 생각하니까. 사실 그렇다. 그럴 때마다 하던 일을 멈추고 남들이 해달라는 대로 하다 보면 끝이 없을 것이다.

다시 말하면 선택과 집중의 또 다른 말은 포기다. 포기하는 사람에게는 남들에게 보이지 않는 기회가 보이고, 그 일에 선택과 집중할 수 있는 넉넉한 시간이 주어진다. 그리고 그렇게 한 발 한 발 나아갈 때 훗날 위대한 성공을 쟁취할 수 있을 것이다.

3. 인맥보다는 꿈맥

어릴 적, 텔레비전 프로 가운데 '맥가이버'라는 외화를 즐겨 보았다. 주인공인 맥가이버는 명석한 두뇌에 거기다 핸섬하기까지 한 첩보원으로 다용도의 칼 한 자루를 쥐고 비밀임무를 수행했다. 당시 맥가이버가 주변에 있는 사물을 활용해 뭔가를 뚝딱뚝딱 만들어내는 모습은 어린 내 눈엔 엄청 신기할 따름이었다. 한 날은 맥가이버 흉내를 낸답시고 멀쩡한 라디오 하나를 몽땅 해체해버린 적도 있었다. 아무튼, 그 시절엔 맥가이버 영향 때문인지는 모르겠지만, 유난히 과학자를 꿈꾸는 친구가 많았고, 나도 거기에 포함되었다. 하지만 막연히 그려봤던 과학자라는 꿈은 눈앞의 성적에 온통 정신을 쏟느라 자취를 감추고 말았고, 차츰차츰 남들과 치열하게 싸워 이겨야 하는 경쟁의 늪에 빨려들어 갔다.

내 첫 직장은 자동차 회사였다. 직장을 얻고 나서, 이왕 시작하는 거 이 분야에서 최고가 되리라 다짐했었다. 하지만 계획과는 무관하게 IMF라는 거대한 파도에 휩쓸려 선택의 여지없이 직장을 옮겨야만 했고, 전공과는 눈곱만큼도 관계없는 전자 회사에서 일하게 되었다. 그때 이런 생각을 했던 것 같다. '세상사 마음대로 되는 것이 하나도 없으니 그냥 흘러가는 대로 살자.' 마침내 밑바

닥부터 다시 시작하는 처지가 되었고, 어차피 앞으론 경쟁에서 처질 수밖에 없으니 똑똑한 애들 방해하지 말고 내 할 일만 열심히 하자고 다짐했다. 현실에 안주해버린 것이다.

그렇게 흘러가는 대로 살다 보니 내 나이 이미 마흔 중반을 훌쩍 넘었다. 두세 번 생각해도 다시 열정을 내어 뭔가 하기엔 지나치게 많은 나이라고 느껴졌다. 그 순간 두려움이 와락 덮쳐왔다. 그러던 어느 날 꿈이라는 선물이 찾아왔다. 몸도 마음도 지쳐 있던 시기, 아예 직장생활을 그만두고 뭔가 새로운 일을 찾아야 하나 고민하던 차였다. 불쑥 이런 생각이 뇌리를 스치는 거였다. '이럴 바에야 까짓것 하고 싶었던 일이나 마음껏 해보면 어떨까?' 그것이 바로 복화술, 저글링, 책 쓰기였다. 한데 참으로 재미있는 것이, 인생은 어느 방향으로 흘러갈지 좀처럼 알 수 없나 보다. 이 일들에 도전하면서 점차 만나는 사람도 많아졌고 우연히 공연 기회도 생겼다. 지금은 이따금 공연도 하고 SNS를 통해 '북*Book* 화술 쇼'로 좋은 책을 알리는 일도 하고 있다. 이런 활동은 신기하게도 내게 끊이지 않는 즐거움과 열정, 에너지를 북돋워 준다.

그뿐이 아니다. 꿈을 향해 가다 보니 내 꿈을 지지하고 격려하고 도와주는 꿈맥들을 만날 수 있었다. 꿈맥이라…. 인맥과 비슷한 개념이기는 한데 생각하기에 따라서는 사뭇 다른 개념이라고도 할 수 있다. 사람들은 대부분 성공을 위해서, 자기가 원하는 것을 얻기 위해서는 반드시 인맥을 만들어야 한다고 생각하는 듯하다. 단적인 예로 인터넷 모 사이트에서 초등자녀를 둔 학부모 593명을 상대로 조사한 결과 84%가 성공적인 자녀 교육을 위해 인맥관리를 하고 있다고 응답하기도 했다. 인맥에 대한 중요성은 남녀노소를 불문하는 듯도 하다. 심지어 어떤 이들은 대기업 회장의 아들이 다니는 학교에 자녀를 입학시키려고 갖은 애를 쓰고, 회장 아들이 외국으로 유학을 가자 학생들도 우르르 따라 가기까지 했다니, 정말 웃지못할 해프닝이 아닐 수 없지만, 한편으론 그토록 사람들이 인맥을 매우 중요시한다는 사실을 반증하는 것이 아닌가 싶다.

나도 한때는 그리 생각했었다. 그래서 인맥을 만들려고 무던히도 애썼다. 일본 주재원 시절에 나는 술 잘 먹고 잘 놀기로 둘째가라면 서러울 사람이었다. 고객들도 그런 나를 무척 좋아하는 것 같았다. 물론 나도 고객을 즐겁게 하는 것이 에티켓이고 성의라 여겨 최선을 다했다. 그러다 보니 고객의 명함도 하나둘 쌓여갔고, 그것이 인맥이 쌓이는 것이라 여겼다. 그런데 그게 나만의 착각임을 한국에 돌아와서야 깨달았다. 그 많던 명함은 그저 쓰레기에 불과하다는 사실을. 하루는 주재원 시절 관계가 꽤 좋았던 거래처 사업부장이 내가 일하는 한국의 본사 사업장에 왔다고 해서 점심시간에 인사하러 갔다. 하지만 그는 나를 보고는 반가운 기색 하나 없이 휑하니 가버리는 거였다. 만감이 교차하는 순간이었다. 그야 바빠서 그랬을 수도 있다. 더구나 한편으로 생각하면 우린 그저 비즈니스 관계였으니 당연한 일인지도 모른다. 하지만 기분이 씁쓸한 것은 어쩔 수 없었다.

결국 깨달은 건, 그 사람은 나 자체를 보고 만난 것이 아니라 주재원이라는 역할을 보고 만난 것이었다는 점이다. 인맥은 바로 이런 게 아닐까? 주고받는 것이 없다면 금방 소홀해지는 관계 말이다.

반면에 꿈을 좇는 과정에서 이루어가는 인맥은 누구나가 알고 있는 그런 개념과는 사뭇 다르다. 이해관계를 넘어 서로를 지지하고 격려하고 도와주는 관계라 하겠다. 무엇보다 좋은 점은 관계를 쌓으려고 애써 노력하지 않아도 된다는 것인데, 그래서 이런 관계를 '꿈맥'이라 부른다.

사실 이 책을 쓰면서도 한 꿈맥으로부터 조언을 받았다. 그는 기업 강의를 주로 하고 책도 써보았기에 내가 이 책을 쓰는 데 많은 도움을 주었다. 그 밖에도 여러 꿈맥들이 내 북화술 공연에 맞는 의상이나 표정, 자세, 말투와 같은 사소한 것에 대해서도 조언을 아끼지 않는다. 그렇다고 해서 그들과 내가 뭔가를 주고받는 기브앤테이크식 관계는 아니다. 단지 서로의 꿈을 지지해주고 격려해줄 뿐이다.

꿈맥들은 저마다 꿈이 다르지만, 뭔가 서로 통하는 데가 있는 것 같다. 때론 서로 다른 분야의 생소한 얘기를 해도 죽이 척척 들어맞기도 하는 걸 보면 말이다. 모두가 꿈이라는 거대한 틀 안에 있기에 서로의 마음을 헤아릴 수 있어서 가능한 일인 듯하다. 그러니 상대방에게 굳이 잘 보이려 애쓸 필요가 없는 것 같다. 참, 그러고 보니 꿈맥들은 있는 그대로의 내 모습을 더 좋아하는 듯도 하다. 그러면 혹자는 이렇게 따져 물을지 모르겠다. 서로 경쟁할 일이 없기에 그런 것 아닙니까? 이 질문에는 뭐라 딱히 대꾸할 말은 없다. 그게 사실일 수도 있으니 말이다. 다만 그렇다 해도 경쟁하지 않으면서 내 꿈을 이루는 그날까지 모두모두 웃으며 함께 갈 수 있다면 그것 또한 행복한 일이 아닐까?

4. 하찮은 일에도 의미 부여하기

일본은 철도가 매우 발달한 나라다. 1987년 철도 민영화 정책을 실시한 이래로 지금은 철도 회사만도 백여 군데가 넘는다고 한다. 그중에서도 고바야시 이치고가 설립한 '한큐 철도'라는 일본에서 꽤나 유명한 회사가 있다. 고바야시 회장은 자신의 책 『일본 전산 이야기』에서 이런 말을 했다.

"신발을 정리하는 일을 맡았다면 세계에서 신발 정리를 제일 잘하는 사람이 되어라. 그렇게 된다면 누구도 당신을 신발 정리만 하는 심부름꾼으로 놔두지 않을 것이다. 궂은일이라도 그것에 통달하면 그때부터는 궂은일만 하는 머슴의 세계가 아니라 창공을 붕붕 날아다니는 도시의 세계가 열린다."

고야야시 회장의 말을 한마디로 요약하면 '일에 의미를 부여하라'가 아닐까 싶다. 사람들은 이런 고민을 한다. 어떻게 하면 지금 하는 일을 좋아할 수 있을까? 마음만 먹으면 내일부터 당장 일이 좋아지게 될까?

먼저 일의 관점에서 바라보자. 직업을 바라보는 관점은 크게 세 가지로 나눌 수 있다. 첫째, 먹고 살기 위한 직업, 둘째, 경력을 쌓기 위한 직업, 셋째, 소명으로 일하는 직업이다. 당신은 직업을 어떠한 관점으로 바라보는가? 대부분이 첫 번째나 두 번째가 아닐까 한다. 그렇다 하더라도 일단 자신의 스타일을 제외하고 세 번째에 주목해 보자. 소명으로 일하는 사람은 부와 명예가 따르지 않아도 그 일을 하는 것만으로도 행복하고 즐거운 마음으로 일에 몰두한다. 물론 직장인 모두가 소명을 갖고 일하기는 어려울 것이다. 생각이 제각각인데다 직업과 생계 문제는 뗄래야 뗄 수 없는 관계인 탓이다. 그럼에도 자신이 하는 일에 대해 관점과 범위를 재조명해 볼 수는 있다.

예컨대 고바야시 회장이 언급했던 신발 정리하는 사람을 보자. 솔직히 신발 정리는 궂은일이고 또 보는 관점에 따라 하찮은 일일 수도 있다. 그러나 신발 정리하는 사람이 자기 일에 의미를 부여한다면 얘기는 달라진다. 바로 이 점이 중요하다. 신발 정리하는 사람은 아무렇게나 널브러져 있는 신발을 가지런하게 정리하면서 사람들의 흐뭇한 반응을 기대할 수도 있다. 말끔히 정리된 신발을 본 사람들이 기쁜 마음으로 일을 더 열심히 할 것이라는 뭐 그런 기대 말이다. 이런 생각을 한다면 일 자체가 즐거워지고 마음도 뿌듯해지리라.

또 다른 예화를 보자. 미국의 린든 존슨 대통령이 나사를 방문했을 때의 일이다. 그는 지나가는 사람에게 나사에서 무슨 일을 하느냐고 물었다. 사실 그 사람은 청소부였다. 청소부는 이렇게 대답했다.

"우주선을 달나라에 보내는 일을 하고 있습니다."

그의 말은 틀리지 않았다. 의미를 확장해 보면 우주선을 달나라에 보내는 일일 수 있다. 물론 나사에서 그가 하는 일은 중요하다거나 멋들어진 일이 아니었다. 하지만 청소부는 남들 시선에 개의치 않고 자기 일에 사명감과 자부심을 느끼며 일했던 것이다.

혹 스스로 생각하기에 지금 하는 일이 하찮다고 느껴진다면 그럴수록 일에 의미를 부여하기 바란다. 그러면 일에 대한 자부심까지는 아니더라도 최소한 하찮다고 느끼지는 않을 것이다.

도쿄에 살 때 이따금 우리 집 근처에선 아스팔트길 보수공사를 하느라 볼라드로 길을 막아놓곤 했다. 공사는 보통 인부 두 명이 짝을 지어 했는데, 한 명은 지나가는 사람들이 구덩이에 빠지지 않도록 구덩이 앞을 지켰고, 다른 한 명은 구덩이 속에 들어가 작업을 했다. 한 번은 퇴근길에 때마침 인부들이 공사하는 곳을 지나치게 되었다. 아마도 저녁임에도 기온이 38도까지 오르는 한여름 살인적인 더위였던 걸로 기억한다.

내심 더운 날씨에 저 사람들은 얼마나 힘들까 하는 생각을 하며 구덩이 앞에 선 인부를 쓱 쳐다보았다. 그는 뜨거운 날씨에도 불구하고 그 흔한 인상 한번 쓰지 않고 환한 얼굴로 나를 바라보며 돌아서 가라고 안내하는 거였다. 그 웃음이 어찌나 해맑던지

나도 모르게 얼굴에 미소가 번져갔다. 그런데 그때 또 다른 인부가 구덩이 안에서 밖으로 나오는 참이었다. 그는 찜통 같은 곳에서 한동안 있었던 탓인지 입고 있던 옷이 온통 땀범벅인 데다 얼굴도 시뻘겋게 달아올라 있었다. 어찌나 안쓰럽던지 쳐다보기가 민망할 정도였다. 하지만 구덩이에서 올라온 인부는 나를 보자마자 목에 걸린 수건을 빼 얼굴을 쓱쓱 닦더니 함박웃음을 지으며 인사를 건네는 거였다. 일면식도 없는 사이인데 말이다. 그토록 뜨거운 날에 어쩌면 그리도 환하게 웃을 수 있는지 지금뿐 아니라 앞으로도 기억될 인상적인 장면이었다. 공사장 인부들이 밝게 웃는 얼굴을 거의 보지 못했던 터라 더 그랬던 것 같기도 하다. 좌우지간 그는 너무도 해맑았고, 난 뭐라 표현할 수 없는 묘한 기분에 사로잡혔다. 어쩌면 그에게서 노동의 숭고함이 전해져왔는지도 모르겠다.

그들이야말로 자기가 하는 일에 의미를 부여한 사람들이 아니었을까? 소명으로 일하기에 부와 명예가 따르지 않아도 자족한 삶을 살아가는 사람들 말이다. 그나저나 그들에게 비친 내 모습이 어땠을지 궁금해진다. 일상에 찌들다 못해 마치 소금에 절어 쪼그라든 오이 같은 인상은 아니었는지….

아, 그들처럼은 아닐지라도 적어도 내가 하는 일에 있어서만큼은 정말이지 남에게 감동을 주는 사람이 되고 싶다.

5. 비전과 역할을 명확히 하라

나는 회사에서 사업부 매출을 관리하고 계획하는 일을 도맡아 한다. 좀 더 의미를 부여해서 말하자면 회사의 실력을 숫자로 표기하는 일이라 하겠다. 예컨대 우리 회사의 실력이 100억 달러 수준인지, 아니면 120억 달러 수준인지를 가늠하고, 올해 매출을 얼마나 올릴 수 있는지, 내년 매출 목표가 어느 정도면 타당한지를 시장, 경쟁사, 당사의 전략 관점에서 분석하고 점검한다. 따라서 내겐 숫자 하나하나가 무척 중요한 의미를 지닌다. 혹여 실수라도 해서 우리 회사의 실력을 오판하는 날에는 그 피해가 어마어마하게 클 수밖에 없다. 까딱 잘못해서 회사 실력을 높이 평가할 경우 회사는 제품 경쟁력은 키우지 않고 투자만 잔뜩 할 것이기 때문이다. 회사 차원에서 보면 내 일은 매우 중요한 자리가 틀림없다.

실은 처음부터 이리 생각한 건 아니었다. 주재원 임기를 마치고 지금 부서로 오게 됐을 당시, 얼핏 보기에 사무실에 앉아 컴퓨터만 들여다보는 일이라 꽤 편할 것으로 생각했다. 하지만 알고 보니 겉만 번지르르했지 내실이라곤 눈곱만큼도 없었다. 숫자를 만지는 일이라는 게 여간해선 빛이 나지 않는 데다 좋은 평가도 못 받는 일이었다. 게다가 수년 간 사무실과 외부 거래처를 오락가락하며 영업하던 사람인지라 온종일 사무실에 죽치고 앉아 컴퓨터만 들여다보고 있자니 좀이 쑤시고 머리가 터질 것만 같았다. 물론 힘들어하는 사람이 나만은 아니었다. 같이 일하는 동료들도 힘들어하기는 거기서 거기였다. 하긴 내가 힘든데 다른 사람이라고 편할 리가 있겠는가. 한 가지 재미있는 사실은 외부에서도 이 형편을 아는 모양인지 너도나도 우리 부서에 오기 싫어하는 눈치였다. 좌우지간 그러기를 한두 해, 견디다 못한 동료들이 차례로 떠나가기 시작했다. 당연지사였다. 재미나 존재감이라고는 눈곱만큼도 느낄 수가 없는 일을 앞길이 구만 리 같은 사람들이 참고 견딜 리가 없었다.

한 날은 계속 이러고 있을 수만은 없다는 생각이 들기 시작했다. 떠나간 동료들이야 어쩔 수 없지만 남아 있는 사람들이라도 잘 지내야 하지 않나 싶었다. 고심한 끝에 떠오른 대책은 이거였다.

"일에 의미를 부여하자."

후배 사원들과 머리를 맞대고 자신의 존재 가치와 우리 일에 대한 비전을 정의해 보았다. 이제부터 우리 부서 업무는 단순히 숫자를 만지는 작업이 아니라 '회사의 실력을 평가하고 매출로 표현하는 일'이라는 결론을 내렸다. 일의 개념이 바뀌자 예전보다 일의 범위가 훨씬 넓어지는 느낌도 들었다. 우리 일이야말로 회사 경영의 중심이 아닌가 하는.

얼마 후, 눈에 띄는 변화도 일어났다. 그때까지 나를 포함해 수동적이었던 후배 사원들이 차츰 능동적으로 바뀌기 시작한 것이었다. 다들 비전에 따른 역할을 찾아 일하는 모습으로 변해갔다. 마침내 우리는 음지에서 양지로 나와 나날이 활기를 더해가고 있다.

내 비전을 조직의 비전과 연계한다

흔히 비전이 없는 사람이나 조직, 기업은 미래가 없다고들 한다. 그래서인지 어느 기업이나 비전이 있으며 조직도 그 비전에 따라 자기 역할을 찾아간다. 개인의 삶도 이와 마찬가지가 아닐까? 미국의 의학자 올리버 웬델 홈즈는 "이 세상에서 가장 중요한 것은 내가 '어디'에 있는가가 아니라 '어느 쪽'을 향해 가고 있는가를 파악하는 일이다. 이것이 인간의 지혜다."라고 말했다.

사실 그렇다. 배를 타고 바다 위를 가르는 항해사는 무슨 일이 있어도 (방향)키만 잘 잡고 있으면 반드시 항구에 당도하게 되어 있다. 마찬가지로 인생이라는 바다에서 항해하는 우리도 방향만 잘 정하고 있으면 빨리 가든 천천히 가든 언젠가는 목적지에 도착하지 싶다. 그 방향이 바로 비전이라 하겠다.

어찌 보면 인간의 삶은 비전을 실현해가는 과정이라 할 수 있고, 또 비전에 따라 개인의 삶이 달라지기도 한다. 그렇다면 이토록 우리의 삶에 막강한 영향력을 행사하는 미래의 모습, 즉 비전에 과연 무엇을 담으면 좋을까?

비전을 설정할 땐 우선적으로 지향하는 바를 중점에 두고 세 가지 관점에서 접근하면 좋다. 자신의 존재 이유, 성장 방향, 경쟁 방향이다. 이 세 가지가 중요한 이유는 이것들을 비전 속에 담아놓으면 목표를 구체적으로 잡을 수 있고, 그것을 달성하려고 최선의 방법을 고민하게 되기 때문이다. 그리고 그것이 바로 전략이다.

그럼 비전을 달성하려면 어떤 전략을 세워야 할까?

삶에서 자기의 존재 이유를 생각해보지 않은 사람은 계획대로 사는 게 아니라 환경과 상황이 흘러가는 대로 살기 쉽다. 직장에서도 마찬가지다. 직장생활에 대한 개념을 명확히 알고 있어야 업무의 목적을 제대로 파악하고 일하게 된다. 회사가 지금 어떤 위치에 있고 어디를 향해 나아가고 있는지 알아야, 내가 어느 위치에서 무슨 일을 해야 할지 이해할 수 있다는 말이다. 다음은 업무를 어떻게 조직의 비전과 연계할 것인가에 대한 간단한 질문이다.

자신의 고객은 누구인가?
경쟁자는 누구인가?
경쟁 우위의 원천 또는 핵심 역량은 무엇인가?

너무도 쉬운 질문 같지만, 막상 대답해 보라면 머뭇거리는 사람이 꽤 있을 것이다. 우리는 고객 만족이라는 구호를 귀가 따갑도록 듣고 있다. 하지만 "그에 맞춰 당신은 업무에 있어 고객의 니즈*needs*를 제대로 반영하여 수행하고 있는가?"라든가, "경쟁자가 누구인지 파악하고 있는가?"라든가, 아니면 "다른 사람이 쉽게 모방하기 어려운 경쟁 우위 원천이나 핵심 역량을 확보하고 있는가?"와 같은 질문에는 선뜻 대답하지 못하는 경향이 있다. 특히 마지막 질문은 단순히 조직 내의 동료들과 비교하는 것만을 뜻하지 않는다. 동종 업계에서 나와 비슷한 일을 하는 사람들까지도 경쟁자로 포함해야 한다는 소리다. 그렇다면 당연히 우리는 치열한 경쟁에서 우위를 차지하기 위해 경쟁자들이 어떤 역량을 발휘하는지 연구하고 고민해야 한다. 이 질문을 토대로 하여 자신의 업무를 조직의 비전과 연계하여 세워보면 좋을 듯하다.

알다시피 직장인들은 상사의 눈치를 볼 수밖에 없는 구조 속에서 일하고 있다. 따라서 이런 의문이 들지도 모르겠다. '상사의 눈치를 봐야 하고 시키는 일만 하는데 비전이 있으면 뭐하나.'

상사의 눈치를 본다 하더라도 비전이 있고 없고는 상당히 중요한 문제라고 할 수 있다. 비전의 존재 여부에 따라 직장생활의 질이 달라지기 때문이다. 직장 안에서 자기 비전을 분명히 알고 있는 사람이 그에 맞는 역할을 수행하게 되면 늘 떳떳하고 자신감 넘치는 모습을 보이게 되어 있다. 일의 의미, 즉 비전이 직장생활

가운데 흔들리지 않는 가이드라인을 제시하기 때문이다.

앞서 말한 바와 같이 우리 부서 일은 잘해도 티가 안 날 뿐더러 여차해서 실수라도 하는 날에는 상사에게 한소리 듣기 딱 알맞다. 하지만 단지 숫자를 만지는 일이 아니라 회사의 실력을 평가해 매출로 표현하는 일이라고 새롭게 정의를 내리는 순간 관점이 완전히 달라져 버렸다. 이제부턴 자부심까지는 아니더라도 지긋지긋한 느낌에서 벗어나 그럭저럭 괜찮은 느낌으로 바뀐 것이다.

혹 지금 하는 일이 맘에 안 들고 힘들다면 더욱더 스스로 직장에서의 역할, 그러니까 존재 가치를 찾기 바란다. 그렇지 않으면 일에 대한 의미나 방향을 알지 못하기 때문에 상사의 말 한마디에 하염없이 흔들릴 수밖에 없다. 반대로 내 존재 가치를 분명히 알고 있으면 회사나 조직이 잘못된 판단을 내렸을 때도 반대 의견을 제시할 수 있는 용기가 솟아난다. 내 안에 그러한 힘이 내재하고 있다. 그리고 그 힘은 시간이 가면 갈수록 당신이 성장할 수 있는 토대를 마련해 줄 것이다.

6. 롱런하는 사람은 자기만의 페이스가 있다

마라톤을 통해 배우는 것이 있다면, 달리는 동안 페이스가 얼마나 중요한가 하는 점이다. 자칫 자신의 페이스를 잃어버릴 경우엔 끝까지 완주하지 못하거나 달리기를 아예 포기하고 걸어서 들어오게 된다. 인생도, 직장생활도 이와 마찬가지가 아닐까? 자신의 능력보다 빠르게 가면 여지없이 문제가 발생한다.

예컨대 나같은 경우는 체력이 뒷받침해주지 못하는 상태에서 완벽하게 일 처리를 하려는 욕심을 앞세우다 보니 부지불식간에 체력이 바닥나고 말았다. 돌아보면, 나이가 들어간다는 사실을 부정하고 싶었는지, 아니면 아직도 내 나이가 이삼십 대라고 착각했던 건지 모르겠다. 여하튼, 분명한 건 번아웃을 경험하기 전에는 체력의 한계를 전혀 느끼지 못했다는 점이다. 그런데 이상하게도 번아웃을 경험한 후 체력의 한계가 시도 때도 없이 느껴지기 시작했다. 건강에 새로 관심이 생겨서 그러는 건지 정확히 알 수는 없지만, 건강 면에서 보면 도리어 잘되었다는 생각도 든다. 몸이 피곤할 때면 '요즘 무리했나 보다. 좀 쉬어야겠구나.'라고 생각하고는 잠을 실컷 자면 그만이니까. 그리고 이는 다른 사람의 건강에 대한 관심으로 이어졌다. 요즈음 체력의 한계를 느끈다는 사람들의 얘기를 들으면 유난히 귀를 쫑긋 세우게 된다. 그리고 그런 사람들에게 육체의 속도에 페이스를 맞출 줄 아는 지혜가 필요하다고 말해준다.

평소에 일이 바빠서 여유를 찾지 못한다면 당신은 인생의 페이스 조절을 잘못하고 있을 수 있다. 여기서 페이스를 조절한다는 말은 내가 가진 에너지를 나의 시간에 골고루 분배해야 한다는 뜻이다. 한정된 시간과 체력 이상으로 많은 일을 해내려 한다면 슈퍼맨처럼 초능력자가 되려 하거나 무리한 욕심을 부리려는 것과 진배없다. 모든 면에서 자신의 한계를 겸허히 인정하고 자신에게 맞는 적정 페이스를 찾는 것이 중요하다. 그리하면 인생에서, 그리고 직장에서 롱런할 수 있는 기본 조건이 마련된 것이다. 그런 다음 페이스에 맞는 매일의 계획을 구체적으로 세워본다. 천천히 듀얼 해피니스의 삶을 실천해보는 것이다.

그런데 아무리 굳게 마음을 먹고 또 먹어도, 주변의 치열한 경쟁 상황을 보면 도저히 가만히 있으면 안 될 것 같은 기분이 수시로 덮쳐온다. 당장에라도 뭐든 하지 않으면 나만 뒤처지는 기분이 들고, 이래서야 제때 승진하겠는가 하는 생각에 안절부절 못하기도 한다. 실제로 동료가 나보다 더 빨리 가는 것을 못이겨 퇴사하는 사람들도 있다. 그런데 내 생각은 다르다.

지금은 뭔가 빨리 하기보다는 굳이 하지 않아도 되는 일을 건

드리지 않는 지혜가 필요한 시대가 아닐까 한다. 특히 방향 없이 많은 일에 시간과 에너지를 온통 쏟는다면 훗날 별 소득 없이 바쁘게만 살았다는 결론이 날 수 있다. 게다가 남보다 앞서가고 싶은 마음에 이끌린다면 주위에 적만 잔뜩 만들고 만다. 앞서 승진하고 싶기에 동료나 후배들을 승진의 도구로 여기게 되고, 나보다 빨리 가는 사람을 보면 속에서 울화가 치밀어 오르는 것이다. 이럴 경우엔 동료들을 하찮게 여기거나 미워하고 깎아내리는 등 파괴적인 행동을 하기도 하며, 불행히도 주위 사람들은 고스란히 그 사람의 횡포 아닌 횡포를 받아내야 한다.

예컨대 내가 정년까지는 아닐지라도 롱런을 목적으로 한다면 그 방향으로 가면 된다. 물론, 자기가 원하는 방향에 대한 확신과 자신이 있더라도 많은 시행착오를 겪기 마련이다. 그래도 타인의 영향력에 휘둘리지 않고 거기서 벗어나 중심 잡는 노력을 꾸준히 한다면 얼마 지나지 않아 자유로운 나만의 모습에 다다르게 될 것이다.

지금은 저성장 시대이고 창의력이 무엇보다 중요한 시대다. 이 시기에 생존하는 방법은 남보다 빨리 가는 것이 아니라 남들과 더불어 가는 것이다. 자기 혼자서 뭔가를 하기보다는 다른 사람과 협력할 때 새로운 가치를 만들어낼 수 있고, 새로운 것을 계속해서 만들어낸다면 성과는 자연히 따라온다. 그러면 일이 즐거워지고 이것은 다시 창의력으로 이어질 것이다. 저성장 시대에 가야 할 길은 바로 이런 것 아닐까? 물론 어울리고 화합할 수 있는 마음의 여유가 우선되어야겠지만 말이다.

　일본에 있을 때 얘기다. 딸아이가 워낙 그림 그리는 걸 좋아했다. 일본말을 못하는지라 한국 유학생 중 미술 전공자를 수소문해 집에서 미술 수업을 받게 했다. 미술 선생님은 도쿄 소재 미술 대학에 다니고 있었는데, 하루는 내게 흥미로운 얘기를 들려주었다.

　일본 학생들은 우리나라 유학생들의 빼어난 미술 실력을 보면 실로 놀라움을 금치 못한다고 한다. 그도 그럴 것이 일본에는 우리나라와는 달리 미술학원이 별로 없다. 가뭄에 콩 나듯 미술학원이 있어도 수업 자체가 그리 체계적이지 못하다. 게다가 선생님들도 아이들 그림에 절대 손을 대지 않을 뿐더러 이렇게 그려라 저렇게 그려라 가르치지 않는다. 그저 마음대로 그리도록 내버려 둔다. 그러다 미술을 전공하고 싶다는 마음이 생기면 고등학교 때쯤 돼서야 전문 학원에 잠시 다니다가 대학에 진학한다. 그러니 어려서부터 체계적으로 미술 공부를 한 우리나라 아이들에 비해 실력이 뒤질 수밖에. 그런데 재미있는 것은, 이 아이들이 대학 3학년을 넘어설 즈음에는 상황이 완전히 뒤바뀐다고 한다. 대학에서 미술에 대해 체계적으로 공부한 일본 학생들은 그동안 쌓아온 창의력에 이론이 더해지면서 그야말로 벚꽃이 만개하듯 실력이 활짝 꽃을 피운다고 한다. 그때부터는 우리나라 학생들이 그들의 창의력을 따라잡으려야 잡을 수가 없다는 것이다.

여기서 우리는 주목해야 한다. 천천히 자기 페이스에 맞게 배우고 어울리면서 자유롭게 살아갈 때 우리 속에 있는 창의력은 끊임없이 생성된다는 점을 말이다. 그 창의력이 발현되는 시점은 저마다 다를 테지만, 분명한 건 언젠가는 반드시 빛을 발한다는 사실이다. 물론, 롱런하는 사람들은 이미 이 비밀을 알고 있는지도 모른다.

조철웅

1970년 강원도 양구에서 태어나 춘천에서 어린 시절을 보냈다. 삼성 자동차를 시작으로 삼성전자 일본 주재원을 거쳐 현재 삼성 반도체 전략마케팅 팀에서 전략, 기획 업무를 맡고 있다. 취미로 시작한 복화술을 계기로 SNS에서 책을 복화술로 소개하는 일과 공연, 강연 등으로 대중과 활발히 소통하고 있다. 또한 직장에서의 일과 개인적 삶이 모두 행복해지는 '듀얼 해피니스'를 직접 실천하며 행복한 직장인의 모습으로 살아가고 있다.

듀얼 해피니스

초판 1쇄 인쇄 2017년 10월 18일 | **초판 1쇄 발행** 2017년 10월 27일
지은이 조철웅 | **펴낸이** 김시열
펴낸곳 도서출판 자유문고
　　　(02832) 서울시 성북구 동소문로 67-1 성심빌딩 3층
　　　전화 (02) 2637-8988 | **팩스** (02) 2676-9759
ISBN 978-89-7030-116-7 03320 　값 13,800원
http://cafe.daum.net/jayumungo (도서출판 자유문고)